Heidelberger Schriften zur Musiktherapie   Band 3

Heidelberger Schriften zur Musiktherapie   Band 3

Herausgegeben von der
Stiftung Rehabilitation, Heidelberg

Gustav Fischer Verlag · Stuttgart · New York

1988

Vom Handeln zum Be-Handeln

Darstellung besonderer Merkmale
der musiktherapeutischen Behandlungssituation
im Zusammenhang mit der freien Improvisation

Von
Mechtild Langenberg

Gustav Fischer Verlag · Stuttgart · New York

1988

Anschrift der Autorin:
Dipl.-Musiktherapeutin Mechtild Langenberg
Lehrmusiktherapeutin DGMT/DBVMT
Simrockstraße 42
4000 Düsseldorf-Grafenberg

D 464
erschienen im Fachbereich 4 der Universität – Gesamthochschule – Duisburg als Dissertation 1988

CIP-Titelaufnahme der Deutschen Bibliothek
Langenberg, Mechtild:

Vom Handeln zum Be-Handeln : Darstellung besonderer
Merkmale der musiktherapeutischen Behandlungssituation im
Zusammenhang mit der freien Improvisation / von Mechtild
Langenberg. – Stuttgart ; New York : Fischer, 1988
 (Heidelberger Schriften zur Musiktherapie ; Bd. 3)
 Zugl.: Duisburg, Univ., Diss., 1988
 ISBN 3-437-11235-X
NE: GT

ISSN 0177-8447

© Gustav Fischer Verlag · Stuttgart · New York · 1988
Wollgrasweg 49 · 7000 Stuttgart 70
Alle Rechte vorbehalten
Druck: Offsetdruckerei Karl Grammlich, Pliezhausen
Einband: Großbuchbinderei Clemens Maier, Leinfelden-Echterdingen
Printed in Germany

Inhaltsverzeichnis

Vorwort VII

I. Theoretischer Teil

1.	Werkstatt der Musiktherapie	1
1.1	Konsequenzen aus dem Mentorenkurs Herdecke	1
1.2	Mary Priestley – analytische Musiktherapie	5
2.	Grundlagen einer analytischen Musiktherapie	9
2.1	Psychoanalytische Aspekte	9
2.11	Faktoren im psychoanalytischen Prozeß	9
2.12	Der Handlungsbegriff in der Psychoanalyse	12
2.13	Reiks «Drittes Ohr»	20
2.14	Kohut – Musik als Spannungsregulierung	22
2.2	Musikpsychologische, musikästhetische und musikgestalterische Aspekte	25
2.21	Musik als Gestalt	25
2.22	Musik als gestaltete Form – Strawinsky	27
2.23	Ontologie der Musik – Linke – Hartmann	29
2.24	Musik als Spiegel seelischer Vorgänge – Schnebel	30
2.25	Improvisation in Musik – eine Möglichkeit, Seelisches wahrnehmbar zu machen	34
3.	Entwicklung eines eigenen Konzeptes – vom Handlungsmodell zum Behandlungsmodell	39

II. Praktischer Teil

1.	Praxisbeispiele	45
1.1	Beschreibung – Prozeßcharakter – Verstehensgrundlage in Resonanzkörperfunktion	45
1.2	Frau A.	49
1.21	Musikdimension	49
1.211	Spontaneindruck – Beschreibung von Reaktionen	49
1.212	Charakteristik	53
1.213	Analyse der Improvisation	56
1.22	Umfelddimension	58
1.221	Spontaneindruck – Beschreibung von Reaktionen	58
1.222	Charakteristik	60
1.223	Analyse des Umfeldes	61
1.23	Zusammenfassende Interpretation des ganzen Produktes	62

1.3	Frau B.	65
1.31	Musikdimension 6. Sitzung	65
1.311	Spontaneindruck – Beschreibung von Reaktionen	65
1.312	Charakteristik	66
1.313	Analyse der Improvisation	67
1.32	Umfelddimension 6. Sitzung	68
1.321	Spontaneindruck – Beschreibung von Reaktionen	68
1.322	Charakteristik	70
1.323	Analyse des Umfeldes	71
1.33	Musikdimension 13. Sitzung	72
1.331	Spontaneindruck – Beschreibung von Reaktionen	72
1.332	Charakteristik	74
1.333	Analyse der Improvisation	75
1.34	Umfelddimension 13. Sitzung	76
1.341	Spontaneindruck – Beschreibung von Reaktionen	76
1.342	Charakteristik	78
1.343	Analyse des Umfeldes	80
1.35	Musikdimension 14. Sitzung	82
1.351	Spontaneindruck – Beschreibung von Reaktionen	82
1.352	Charakteristik	84
1.353	Analyse der Improvisation	86
1.36	Umfelddimension 14. Sitzung	87
1.361	Spontaneindruck – Beschreibung von Reaktionen	87
1.362	Charakteristik	89
1.363	Analyse des Umfeldes	90
1.37	Zusammenfassende Interpretation der ganzen Sequenz	91
2.	Musiktherapeutische Prinzipien	95
2.1	Einheit – Trennung	95
2.2	Praxisbeispiel Herr P. – Von der Ganzheit zur Trennung – Lösungsversuch – (Charakteristik mit Interpretation)	98
3.	Zusammenfassung Behandlung – Folgerungen	113

Literatur 122

Vorwort

Der emotionale Austausch in der psychoanalytischen Behandlung vollzieht sich auf der verbalen Ebene. In der folgenden Arbeit geht es um eine ursprüngliche Stufe emotionalen Austausches, die erreicht wird durch die Musiktherapie. Diese Erfahrung ist vergleichbar mit der Erfahrung, die Kinder mit ihren Müttern in dem präverbalen Dialog erleben.

Die Musiktherapie bietet dem Patienten die Möglichkeit, sich mit dem Musiktherapeuten auf dieser zunächst Nicht-in-Worten faßbaren Schicht zu verständigen. In diesem Sinne ist Musiktherapie ein eigenständiges therapeutisches Verfahren, das aber in den psychoanalytischen Begriffen erfaßt werden kann. Analog zum psychoanalytischen Setting wird in der hier besprochenen Musiktherapie das Mittel der freien musikalischen Improvisation gewählt, die man mit der Regel der freien Assoziation gleichsetzen kann. Der Patient produziert etwas, das zuerst sinnlos erscheinen mag. Dieses scheinbar Sinnlose wird mit Hilfe des Patienten weiter analysiert. In diesem Dialog entsteht ein Sinn, der im Handlungsprozeß mitgeteilt wird. Durch die Regel der freien Improvisation entdecken die Patienten Gefühlsqualitäten, möglicherweise Beziehungsformen, die in einer sehr frühen Phase relevant waren.

Das Wiedererleben und die Reinszenierung dieser früheren emotionalen Beziehungsformen in der musiktherapeutischen Situation bilden die Voraussetzung für eine Neuordnung und eine neue Integration der wiedererlebten Emotionen.

Die gemeinsame Verbalisierung des Erlebens ermöglicht dem Patienten eine Abgrenzung von den symbiotischen, primären und regressiven Erfahrungen zu vollziehen. Am Beispiel von Patienten wird dieser musiktherapeutische Ansatz lebendig und konkret nachvollziehbar in klinischen Vignetten dargestellt.

Ich hoffe, daß im Leser eine lebendige Vorstellung einer musiktherapeutischen Sitzung durch die Lektüre entstehen kann.

Prof.Dr.phil. Luciano Alberti

*«Spielen heißt verwandeln,
obzwar im Sicheren, das wiederkehrt»*
(Bloch 1980, 22)

Mein herzlicher Dank für zahlreiche Gespräche,
Anregungen, Förderung und kritische Auseinandersetzung gilt

Prof. Dr. Norbert Linke

Prof. Dr. Luciano Alberti
Prof. Dr. Annelise Heigl-Evers
Dr. Brigitte Weidenhammer
Prof. Dr. Siegfried Vogelsänger

Düsseldorf, im Mai 1988　　　　　　　　Mechtild Langenberg

I. Theoretischer Teil

1. Werkstatt der Musiktherapie
1.1 Konsequenzen aus dem Mentorenkurs Herdecke

Die Entscheidung zu psychoanalytisch orientierter musiktherapeutischer Arbeit und Weiterentwicklung ergab sich aus eigenen Erfahrungen mit den Begründern dieser Methode und meinem Ausbildungsgang im Mentorenkurs Herdecke, einem Pilotstudiengang für Aufbaustudiengänge (Eschen, J.Th., Schily K., 1978, 1982).

Im Rahmen dieses Projektes wurden international anerkannte Lehrtherapeuten aus den bisher in der Musiktherapie entwickelten Verfahren, schwerpunktmäßig aus dem angloamerikanischen Raum, eingeladen, um in einer "Ausbildung für Ausbilder" - also zusammen mit uns künftigen Mentoren - eine Integration der methodischen Ansätze zu Curricula von Aufbaustudiengängen für Musiktherapeuten zu entwickeln.

In der musiktherapeutischen Praxis ist die Palette der Techniken ebenso breit wie in anderen Psychotherapieverfahren. Da werden verhaltenstherapeutische Ansätze, humanistische sowie psychoanalytische Verfahren praktiziert, die sich zum Teil schon als Schulen etabliert haben oder durch Einzelpersönlichkeiten und deren Stil vertreten sind.

Von extremen Positionen her gesehen wurden die Nordoff/Robbins-Musiktherapie und die analytische Musiktherapie nach Mary Priestley durch ständige Dozenten über zwei Jahre hinweg kontinuierlich gelehrt. Im Mentorenkurs bildeten sie die beiden Hauptverfahren der klinischen Anwendung.

Eine heilpädagogische Ausrichtung hat die Nordoff/Robbins-Musiktherapie, die in einem festen Setting von Therapeut am Klavier und Cotherapeut bei dem Kind mit Trommel und Becken, mit musikalischen Idioms, Improvisation und gezielter Sitzungsstruktur arbeitet (Nordoff/Robbins 1977). In der allgemein bekannten Musizierpraxis steht ein Rahmen zur Verfügung, der erfüllt wird, sei es durch die Vorgabe einer Komposition oder ein pädagogisches Ziel. Auf jeden Fall existiert Führung des Prozesses durch ein zu erfüllendes musikalisches Vorhaben oder eine leitende Person. Über diese Praxis führen Nordoff/Robbins hinaus. Bei ihrer musiktherapeutischen Arbeit wird versucht, eine rein musikalische Beziehung zu Patienten (schwerpunktmäßig behinderten Kindern) aufzubauen und die Interaktion gezielt zu beeinflussen. Das heißt: der Therapeut findet f ü r den Patienten Ziele und Wege - diese zu erreichen - in seinem Medium Musik, wobei keine verbalen Kontakte, es sei denn über das Singen, stattfinden.

Während die Nordoff/Robbins-Therapeuten vom Training sprachen, welches intensiv im musikalischen Feld stattfand, so stellte die Methode Mary Priestleys die eigene musiktherapeutische Selbsterfahrung in den Mittelpunkt der Ausbildung.

Das bedeutete zwei Jahre Einzel- und Gruppenmusiktherapie in der Patientenrolle neben Seminaren, Übungen und dem Trainieren musikalischer Fertigkeiten. Eine künstlerische Weiterentwicklung im Sinne von Zur-Verfügung-Haben eigener kreativer improvisatorischer Potentiale sowie einen persönlichkeitsbildenden Prozeß der Selbsterfahrung hielten die Veranstalter für wichtig. (Dabei war J. Th. Eschen, als musiktherapeutischer Leiter von der Musikhochschule Hamburg abgeordnet, eher der Priestleyschen Richtung verpflichtet; K. Schily, als medizinischer Leiter am Gemeinschaftskrankenhaus Herdecke, eher der Nordoff/Robbins-Richtung.)

Aus dem Spannungsfeld von tiefenpsychologischer Orientierung bis zu heilpädagogisch-künstlerischen Techniken galt es für die Mentoren unter den Anregungen der sich vielfältig vorstellenden Musiktherapeuten einen eigenen Stil zu entwickeln. Zum Abschluß des Mentorenkurs Musiktherapie in Herdecke schrieb ich meine Diplomarbeit mit dem Thema: "Prozeß einer Veränderung - Beschreibung der musiktherapeutischen Handlungsszene und ihrer spezifischen Qualitäten - Ansätze eines Handlungsmodells."

Im Prozeß dieser Arbeit entstanden durch die Auseinandersetzung mit der Praxis, dem Fallbericht, der Selbsterfahrung und dem Reflektieren über die Ursachen von Veränderungen in der Musiktherapie erste Überlegungen für Erklärungsansätze der musiktherapeutischen Phänomene. Es ist nun mein Bestreben, die Dimension dieses spezifischen musiktherapeutischen Handelns aufgrund klinischer Arbeit zu untersuchen, um ihre Nutzbarmachung im Sinne eines Behandlungskonzepts weiterzuentwickeln.

Diese Forschungsarbeit verfolge ich auf zwei Weisen:

1. Sich-Einlassen auf eine musiktherapeutische Begegnung und Beziehung, wobei ich den Therapeuten zentral als "lebendiges Behandlungsinstrument" sehe, der Seelisches - denn darum handelt es sich in der musiktherapeutischen Situation - mit Seelischem wahrnimmt.

2. Phänomene beschreiben, Fragen sich aus der Praxis heraus entwickeln lassen, Beschreibungs- und Erklärungsmöglichkeiten suchen, Theorieansätze in der musiktherapeutischen Praxis rückprüfen.

Im Mittelpunkt dieser Arbeit steht die musikalische Improvisation. Sie ist das entstandene Produkt der therapeutischen Begegnung, die anschaubare, anhörbare, kreative Gestalt des Prozessualen. Als musikalisches Objekt ist sie zugleich

Grundlage für die Beschreibung, Erklärung, Deutung. Problembearbeitung kann in dieser Therapieform stattfinden, wenn im Therapeuten das Verstehen mehrschichtig entwickelt wird.

Die Arbeitsplanung, die in der klinisch musiktherapeutischen Praxis angewendet wurde, war demnach folgende:

- *eine Fülle von musikalischem Material sammeln dadurch, daß ich musiktherapeutisch handle*
- *parallel dazu Beschreibungsformen finden, die das besondere Erleben von Therapeut und Patient in der Improvisation deutlich machen können, um die Bearbeitung der in der Musik zutage tretenden Konflikte zu ermöglichen.*

Über das Herstellen therapeutischer Produkte aus einer Interaktion werden die Improvisationsbeispiele charakterisiert und in Szenen und Vorgängen aufgedeckt.
Dazu gehört das assoziative Umfeld jeder Musik, seine Entstehung und die Einfälle vor, bei und nach dem Spiel. Exemplarisch anhand der Beispiele erläutere ich die Veränderungen und zeige Wirkfaktoren auf. Verglichen werden diese mit anderen - vor allem nonverbalen - Psychotherapiemethoden.
Eigene Überlegungen und die Orientierungssuche in dem noch jungen Gebiet der Musiktherapie (mit gleichzeitig uralten, in klasische Mythologien reichende Traditionswurzeln) führten zur Untersuchung eines Ortes, wo kreatives Spielen als eine ursprüngliche Fähigkeit des Menschen getroffen wird.
Dieser Ort scheint ein Zwischen-Raum mit eigenen Qualitäten zu sein, der in seiner Funktion therapeutische Möglichkeiten eröffnet. Um diese zu beschreiben, sollen eigene Erfahrungen zur Darstellung gebracht werden und als Grundlage für Fragen und Erklärungsansätze dienen.
Dabei möchte ich den Werkstattcharakter der musiktherapeutischen Situation herausstellen, das Im-Werden-Sein dieses Handelns. Durch die Methode der freien Improvisation wird von Musiktherapeut und Patient gemeinsam ein Produkt hergestellt. Dieses ermöglicht das Verstehen seelischer Wirklichkeit und Veränderungsprozesse im Rahmen des Beziehungsgeschehens mit Hilfe von musikalischen und begleitenden assoziativen Einfällen.
Es sind Geschichten, die sich ereignen und von daher einen persönlichen Charakter bekommen. Im freien Spiel wird dieser von der Beziehungssituation geprägt.

Zum Setting der musiktherapeutischen Situation gehört die Bereitstellung eines Raumes mit Instrumenten, in dem Begegnung und Herstellung musikalischer Werke möglich ist.

Diese aus der Interaktion entstandenen Produkte zu charakterisieren und zu verstehen, sie zu be-greifen, ist der Sinn der Therapiesituation und soll auch Gegenstand dieser Arbeit

*sein, so daß "Erkenntnisverfahren und Erkenntnisgegenstand"
in einem Ansatz gegriffen werden, wo die Form der
Aufarbeitung der Kasuistiken die Form der Methode wider-
spiegelt (Lorenzer 1983, 97).
Der Weg der Erkenntnis in dieser Werkstatt soll mit dem
Begegnen in einer besonderen Situation mit spezifischen
Qualitäten beginnen. Diese sind genau zu beschreiben.*

1.2 Mary Priestley - analytische Musiktherapie

Mary Priestleys analytische Musiktherapie, die von ihr und zwei Kollegen in London entwickelt wurde, basiert auf ihrer eigenen Entwicklung als Musikerin und der gründlichen Auseinandersetzung mit der Psychoanalyse, geprägt vor allem durch Melanie Klein, sowohl in Eigenanalyse als auch langjähriger Supervision.
Sie selbst nennt ihre Arbeit "analytical music therapy" und in letzter Zeit "exploring music therapy" (vgl. Anmerkung Priestley 1983, 18).

Als zentral neuen Aspekt in einer Ausbildung zum Musiktherapeuten erkannte sie die Notwendigkeit der eigenen Auseinandersetzung mit verdrängten Bereichen des Unbewußten, um frei für die Begegnung mit dem Patienten zu werden. Denn ebenso wie in anderen analytisch orientierten Therapien geschieht ein wichtiger Teil der Arbeit im Übertragungsvorgang, in der Beziehung von Therapeut und Patient.

"Durch das gesprochene Wort oder geschriebene Wort kann man etwas über analytische Musiktherapie lernen, aber man kann sie dadurch nicht erlernen. Sie kann jedoch in Verbindung mit und als Ergänzung zur psychotherapeutischen Einzelarbeit eingesetzt werden, und zwar gilt dies für schwer gestörte, psychiatrische Patienten genauso wie für Fachleute, die mit Hilfe von schöpferischer Musik und der Unterstützung eines analytischen Musiktherapeuten ihre innere Welt erforschen möchten" (Priestley 1983, 11).

Ihr erstes Buch "Music therapy in action" (1975) bringt die Erfahrungen mit dieser neuen Technik, Beschreibungen der vorgefundenen Bedingungen in der Psychiatrie und das Suchen nach einem Zugang zum Patienten über Berührungsweisen mit Musik.

So nutzte Priestley die Möglichkeiten der freien Improvisation zum Zwecke der Behandlung psychisch Kranker und verband Entspannungs- und psychodynamische Bewegungstechniken nach Bedarf mit der Situation in Klinik, privater Praxis, Einzel- und Gruppenmusiktherapie.
Priestley wagt es, in einer schöpferischen Interaktion mit dem Patienten in extreme Gefühlsbereiche zu gehen und wird dabei zum "emotionalen Resonanzboden" (Bemerkung von Readfearn in: Priestley 1983, 13).
Sie schreibt selber: "Analytical music therapy is a way of exploring the unconscious with an analytical music therapist by means of sound expression. It is a way of getting to know oneself, possibly as a greater self than one had realised existed. It may be very painful to admit the existence of some parts of it and to realise that they were once all that one hated or envied most cruelly in others. It may be very frightening to accept the challenge of other parts.

Analytical music therapy is also a way of synthesising the
energies freed from repressive and defense mechanisms and
giving them a new direction through rehearsal of action in
sound" (Priestley 1975, 32).

Für diese Art der Therapie habe Peter Wright, der Londoner
Kollege, erstmalig den Begriff der "analytical music therapy"
benutzt (Priestley 1975, 32).
Die Pioniersituation und Entwicklung musiktherapeutischer
Techniken, begleitet von Selbsterfahrung und Supervision, ist
beeindruckend anhand vieler Fallbeispiele im ersten Buch
nachzulesen, das auch in deutscher Sprache erschienen ist
(Priestley, 1982).

Meine eigene Lehrtherapie ist, verbunden mit dem Theorieansatz
von Priestley und Eschen, die Grundlage für die weitere aus
der klinischen Praxis lebende Forschungstätigkeit. Ausgegangen wird von einem ähnlich freien "Spielraum" wie in der
Psychoanalyse, damit sich Eigentypisches des Patienten
einstellen und abbilden kann, sowohl an den musikalischen
Werken als auch an der entstehenden Übertragungsbeziehung.

"Die Musiktherapeutin ist aufgrund der gemeinsamen Improvisation ständig in Bereitschaft, Gefühle aufzunehmen, zum
Ausdruck zu bringen und durch ihr Spiel zu kanalisieren -
anders als der Psychotherapeut, der schweigt, wenn der
Patient spricht, oder der Gestaltungstherapeut, der den
Patienten in Ruhe läßt, solange er malt. Die Tatsache, daß
die Musiktherapeutin beständig Emotionen aufnimmt und
kanalisiert, macht sie in besonderem Maße empfänglich für
Gegenübertragungsgefühle; in manchen Fällen wird sie diese
sofort durch ihr Spiel zum Ausdruck bringen und darüber
sprechen, in anderen Fällen wird sie sie für sich behalten,
bis sie das Gefühl hat, der Patient sei nun eher bereit, sie
zu akzeptieren" (Priestley 1983, 81).
Priestleys Darstellungen und Deutungsversuche auf dem Hintergrund tiefenpsychologischer Erkenntnisse sind in den Vorlesungen zum Mentorenkurs Herdecke zusammengefaßt (Priestley
1983).
Sie sagt dort unter anderem: "Der analytische Musiktherapeut
arbeitet darauf hin, ein freieres Fließen von Energie zu
ermöglichen. Daß der Patient sich musikalisch äußert und
dabei im Duo mit dem Therapeuten sicher aufgehoben ist,
scheint die ursprüngliche Angst in bezug auf das Gefühl oder
die Erinnerung, die abgewehrt wurden, etwas zu mildern und
wenigstens einen Teil davon gefahrlos ins Bewußtsein dringen
zu lassen" (Priestley 1983, 166).

Anhand vieler Fallsequenzen beschreibt sie ihre Technik,
wobei ihre Schlußfolgerungen wenig nachprüfbar bleiben und
musiktherapeutische Situationen oft, ohne detaillierter
beschrieben zu sein, mit einem psychoanalytischen Erklärungs-
modell gedeutet werden.

Diese oft vorschnelle Rechtfertigung unserer therapeutischen
Arbeit mit scheinbar etablierteren theoretischen Modellen
erscheint mir problematisch und für eine noch nach Identität
suchende Musiktherapie typisch zu sein.

Priestleys praktische Arbeit hat eine überzeugende Qualität
aufgrund ihrer Persönlichkeit, die in emotional aufwühlenden
Therapiesituationen weiß, einen sicheren Weg zu führen und
der entwickelten Beziehung zu trauen. Ihre Erfolge mit
Patienten und lernenden Musiktherapeuten geben diesem analytischen Arbeitsansatz Begründung.

Daher kritisiere ich keineswegs diese innovatorische Arbeit,
die ich selbst praktiziere, sondern plädiere für genauere
Beschreibungen des Improvisationsvorgangs und der
Interventionstechniken des Musiktherapeuten, um zu Darstellungen zu kommen, die aus der Sache selbst entstehen und
tiefenpsychologische Deutungsweisen als Möglichkeiten des
Verstehens und nicht als ultima ratio verpflichten.
Vielleicht ist es möglich, das Spezifische einer schöpferischen Therapie sprechen zu lassen und vergleichend interpretatorisch mit Verfahren zu diskutieren, die ebenfalls
zeitweilig im nichtsprachlichen Bereich arbeiten, mit der
gemeinsamen Annahme, daß sich etwas Seelisches ins Werk setzt
und zu unbewußten verdrängten Bereichen führen kann.
   Die Suche nach dem Sinn einer Handlung, in unserem Fall
einer Szene, in der ein musikalisches Produkt entstand, soll
gewagt werden, auch wenn nur eine Annäherung geschehen kann
oder der Sinn im Erlebensprozeß als gemachte Erfahrung
verborgen bleibt. Das Verstehen solcher Prozesse steht in der
Theoriebildung der Musiktherapie allerdings noch am Anfang,
und ich will mit dieser Arbeit versuchen, die differenzierten
Möglichkeiten dieses Mediums von Musik, Phantasie und
Beziehung durch Aufdecken der entstehenden Phänomene weiterzuentwickeln. Ich gehe ein Stück weiter als Priestley, indem
ich versuche, die gemeinsamen Produkte von Therapeutin und
Patient als Ganzes mit dem beteiligten Umfeld zu analysieren.
Die spezifischen Qualitäten mit ihren Wirkungsweisen zeigen
sich in dieser "handelnden Beziehung", wo die Therapeutin
ihre Beteiligung mit der improvisierten Musik ausdrückt.

Diese Nähe zum Affektbereich, das handelnde Teilen im Feld
der Improvisation, erfordert vom Musiktherapeuten eine tiefe
Selbsterfahrung, die mich neben Einzel- und Gruppenmusiktherapie auch zu einer eigenen Psychoanalyse führte. So
bringe ich neben meinen lehrmusiktherapeutischen Erfahrungen
auch eigene analytische Erfahrungen mit, sowohl als Patientin
wie durch Supervision der klinischen Arbeit.
Zur genaueren Definition des Gegenübertragungsbegriffs, wie
Priestley ihn benutzt als "Echo-Gegenübertragung", wobei die
enge Verbindung zur physischen Wahrnehmung dieser Effekte
deutlich wird, verweise ich auf ihr letztes Buch (Priestley
1983, 50 ff).

Auf dieser Grundlage der persönlichen Erfahrung mit den ersten Lehrtherapeuten in analytischer Musiktherapie stelle ich im folgenden die Form der Weiterentwicklung und Aufarbeitung musiktherapeutischer Prozesse dar.

Mary Priestleys Rat möchte ich an den Schluß dieses vorbereitenden Kapitels stellen: "Für manche hat die Gegenübertragung während des Improvisierens eine ungewöhnliche Kraft. Es gibt turbulente Strömungen der Angst, des Zorns, der Traurigkeit, des Entzückens und auch komplizierte Gefühle wie die Angst, die Klanghölzer zu zerbrechen. Dem angehenden Musiktherapeuten gebe ich die paradox klingende Anweisung, 'sich zurückzuhalten und sich voll hineinzuwerfen'. Er muß Gefühle ausdrücken, ohne daß sie ihn überwältigen. An seinem schwächsten Punkt werden sie ihn zu überwältigen drohen, und genau an dieser Stelle muß er sich zurückhalten und auf sich selbst besinnen. Der Patient wird versuchen, uns aufzuspalten und zu kreuzigen, aber mit Hilfe der Musik können wir unsere Unversehrtheit erhalten" (Priestley 1980, 36).

2. Grundlagen einer analytischen Musiktherapie
2.1 Psychoanalytische Aspekte
2.11 Faktoren im psychoanalytischen Prozess

Die Erkenntnis, daß für den therapeutischen Prozeß ein Übergangsraum gegeben werden muß, in dem der Patient sich erinnern, wiederholen und durcharbeiten kann zu neuen Erfahrungen im Bereich der Beziehung, zu größerer Liebes- und Arbeitsfähigkeit, wurde zunächst von Freud, dann von vielen seiner Nachfolger beschrieben. Unbewußtes und Verdrängtes, welches die Lebensmöglichkeiten des Menschen einschränkt, scheint sich in einer Situation zu beleben, die in frühe Beziehungsformen zurückführt, von der Psychoanalyse als Regression benannt. Diese Bewegung bis zu einem Zustand des bedingungslosen Angenommen-Seins, auf den ein kleines Kind Anspruch hat, führt zu den Potentialen eines schöpferischen, selbstbestimmten Lebens.

Es scheint ein Ideal zu sein, einen solchen Zustand noch einmal zu erleben, in einer fördernden therapeutischen Beziehung, um Persönlichkeit nach- und weiterzuentwickeln.
  Beispiele aus Fallgeschichten demonstrieren solche Reifungsschritte, und ich möchte mich im Zusammenhang mit Musiktherapie der analytisch orientierten Richtung auf Darstellungen von psychoanalytischen Behandlungen beschränken, die mit Kindern durchgeführt wurden. Die Frage nach den Wirkfaktoren dieser Prozesse, die bei Kindern, vor allem dann, wenn sie aus eigenen Gründen nicht, noch nicht oder nicht mehr sprechen und stattdessen andere Kommunikationsformen als Sprache nutzen, kann Unterschiede und Ähnlichkeiten zwischen Musiktherapie und anderen analytischen Therapieformen herausbringen.

Eine zentrale Bedeutung in den Behandlungen nimmt das Spiel ein. Die Dimension des kreativen Spiels trifft einen Bereich, der von Winnicott mit der Entdeckung der Übergangsphänomene und Übergangsobjekte beschrieben worden ist (Winnicott 1979). Für die Inszenierung und Bewältigung der seelischen Wirklichkeit werden präverbale Mittel verwandt, wo die Darstellung und das Verständnis eines Problems mit Worten nicht begriffen werden können.
Häufig besteht zwischen Erleben und Wort eine gestörte Beziehung oder eines von beiden wird isoliert entwickelt und scheint mit dem anderen nicht rückgekoppelt zu sein. So gibt es Beispiele von altklugen Kindern, deren Sprache emotionslos klingt, die, scheinbar sicher und hochentwickelt, bei averbalen Tätigkeiten wie dem Malen mit Fingerfarben hilflos und unsicher werden.

Um die Bewegungen des anderen zu verstehen, sie mitzuvollziehen, wurde es notwendig, die vielfältigen Kommunikationsweisen, die der Mensch außerhalb der Sprache besitzt, in der

therapeutischen Arbeit und dem Beziehungsprozeß wahrzunehmen.
Die Wirkung solcher averbalen und paraverbalen Prozesse und
Spielhandlungen erschien bei der Arbeit mit Kindern selbst-
verständlich und rückt seit einiger Zeit auch bei der
Behandlung erwachsener Patienten mit komplexeren Störungen
auf häufig frühen Entwicklungsstufen in den Mittelpunkt
(Anthi 1983, Reconstraction of preverbal experiences,
Boenheim 1973, The choice of method in contempory
psychotherapy, Adatto 1970, Snouthand behaviour in an adult
patient).
Eine ursprüngliche Verbindung zwischen innerer und
äußerer Realität er-lebt das Kind beim Spiel in der magischen
Kontrolle und Handhabung der Objekte. In diesem Tun kann es
ent-wachsen zum Verständnis einer Realität außerhalb seines
Selbst. Das geht nur, wenn dieser Zwischenbereich erfahren
werden darf, wenn eine Widersprüchlichkeit durch ihr Akzeptieren einen positiven Wert bekommt (Winnicott 1979, 25).
Daher lassen analytische Therapeuten das Kind ohne Druck
sich im Spiel, z.B. mit dem Szenokasten, verlieren,
beobachten die Szenen und begleiten sie häufig nur mit
Hinweisen und Gesten, dann bei gewachsener Übertragungsbeziehung und Vertrauen mit Worten, die zunächst beschreiben,
dann auch das Dargestellte interpretieren.
Das Ziel der analytischen Methode ist es, die nonverbalen
Verhaltensweisen zu verbalen zu entwickeln.
So kann die Behandlung eines mutistischen Kindes, welches
zunächst keine Sprache hat, über das nonverbale Spielen und
Inszenieren von Handlungen, die beteiligt beobachtet und
verstanden werden, über ein affektloses Sprechen zu einer
Sprache mit reinen Funktionszusammenhängen in eine affekt-
begleitende Sprache münden. Ebenso kann das Spiel verbinden
zwischen dem, was den Schmerz hörbar machen will und dem, was
sich anstrengt zu hören (Cohen 1980).

Die Behandlung von "Julie" - deren Unfähigkeit eine Beziehung
aufzunehmen, zu einem Desinteresse an anderen Menschen und
einem eigenen Jargon geführt hatte - orientierte sich ebenfalls an der großen Bedeutung der präverbalen Ebene in den
Handlungen dieses Kindes. Spielzeuge wurden mißhandelt und
waren Stellvertreter in Ausdruck und Handeln für die
quälenden Gefühle der fünfjährigen Patientin. Sprache war in
diesem Fall die entscheidende Verweigerung des unvermittelt
verlassenen Kindes gewesen, welches über Spielhandlungen und
Geschichten einen Zugang zu seinen Gefühlen von Wut und Angst
bekam, um allmählich das als Schutz vor Überforderung
angenommene pseudodebile Verhalten aufzugeben (Ack 1966).

Auch hier läßt sich der analytische Therapeut auf die wichtige emotional tragende Nähe von präverbalen Äußerungen
verstehend und mitschwingend ein. Den Ursprung solch präverbaler Kommunikation sieht unter anderem Noy in den auditiven
Höreindrücken des Kindes (Noy 1968). Diese Überlegungen
werden im Zusammenhang mit Musiktherapie eine wichtige Rolle
spielen.

Untersuchungen, die das früheste Verstehen von Mutter und
Kind über Klangreize, die Stimme und das auditive Fühlen
erklären, wurden auch von Alberti und Hänni durchgeführt
(1981). Gemeinsam grundlegende Merkmale der präverbalen
Kommunikation, die Spitz die "coenesthetic communication"
nennt, und der verbalen Kommunikation sind Ton, Tonhöhe,
Intensität, Klangfarbe, Rhythmus und Dauer. Diese sind sowohl
in der Musik als auch in der Entwicklungspsychologie einer
Verstehensebene zugeordnet, die in der Behandlung von
Patienten als mitwirkende Faktoren die Aufmerksamkeit auf
sich zieht.
Ein solch entscheidender Wirkfaktor bei erfolgreicher Veränderung seelischer Isolation und Entwicklungshemmnis
scheint der zu sein, daß der Therapeut mit dem Patienten
eine zunächst emotionale Kommunikation ereicht. Das Reagieren
auf den anderen im Austausch gegenseitiger Blicke, Mimik und
Gestik dienen der "symbolisierenden Inter-Aktion und dem
emotionalen Näheerleben" (Strachwitz 1973).
Sind diese Faktoren in der therapeutischen Szene vorhanden,
so scheint ein Klima des Vertrauens wachsen zu können. Kinder
kommen über eine averbale Beschäftigung ins Gespräch, wobei
ich den schöpferischen Faktor dieser Tätigkeiten jenseits der
Sprache als eine für das spätere Leben wichtige Qualität
herausheben möchte.
Ich sehe darin nicht nur eine die Sprache vorbereitende Stufe
der Entwicklung, sondern in der weiteren Ausschöpfung des
spielerischen Potentials des Menschen eine Fähigkeit, die für
Verwandlungen den Lebensumständen und Beziehungen entsprechend wertvoll ist.

Einen solchen Zwischenraum zum Bewegen, Erforschen, Probie-
ren, Wagen, Entscheiden brauchen wir; er liegt zwischen
Phantasie und Realität. Eine ausdrucksvolle Darstellung gibt
Cohen von der Behandlung eines depressiven Kindes, in der das
Aufbauende und Schöpferische der Aktivitäten die tragischen
Verlusterlebnisse des kleinen Patienten sowie seine unge-
stillte Sehnsucht fühlbar macht. Über diesen Weg des Her-
holens, Teilens und Einordnens dieser frühen Erlebnisse
gewinnt das Kind seine Schaffenskraft wieder. Es erfindet
Symbole, wie die mit einer Kamera aufgenommene Dokumentation
der Konstruktion und des Wachstums eines Gebäudes, um sich
selbst an Beispielen der äußeren Realität Sicherheit und
Kontinuität zu geben (Cohen 1980).

Die Sprache spielt demnach auch in dieser analytischen
Behandlung eine periphere Rolle. In der empathischen
Beziehung des Therapeuten, der vorrangig da ist und zuhört,
erfährt das Kind, daß ein Kunstwerk, wenn es authentisch ist,
also aus der persönlichen Lage des Schaffenden entwachsen,
sich zwischen Primärprozeß (also der frühesten Beziehung
zwischen Kind und Eltern) und Sekundärprozeß bewegen kann.

2.12 Der Handlungsbegriff in der Psychoanalyse

Für die historische Dimension zum Handlungsbegriff möchte ich auf einige frühere Arbeiten verweisen.
Wilhelm Dilthey beschäftigte sich mit den "Willenshandlungen" und nahm schon in einigen seiner Gedanken zu Triebbefriedigung und Lustgefühl Freud vorweg (Dilthey 1961, 181, 189, 199, 273). Weiterhin dachte Alfred Adler über verschiedene Arten des Handelns nach (Adler 1972, 66; 1912).
   Der Soziologe Max Weber schließlich befaßte sich mit dem Begriff des "Gemeinschaftshandelns" und dem "sozialen Handeln" (Weber 1973, 114).
In der Musikpädagogik führte Rauhe den Begriff des "handlungsorientierten Unterrichts" ein (Rauhe 1975).

Schafer führt den Begriff "handeln" in die Metapsychologie der Psychoanalyse ein und trifft damit den Bereich der "Aktivität", der scheinbar in der Psychoanalyse weniger bedeutsam war, im musiktherapeutischen Prozeß jedoch wesensmäßig ist. Er versucht zu zeigen, "daß psychoanalytische Deutung im wesentlichen Deutung von Handlungen ist und wie sie zunehmend etwas, das ich (Schafer) als 'verleugnetes Handeln' bezeichne, durch ein integriertes Handeln ersetzt, zu dem sich der Patient bekennt" (Schafer 1981, 876).

Dieser Gedanke ist für unseren Zusammenhang wichtig, da wir im Spiel, also im gemeinsamen Handeln mit dem Patienten, so eine bewegende Kraft zu treffen scheinen. Schafer kritisiert die Tradition der naturwissenschaftlich orientierten Begrifflichkeit der psychoanalytischen Metapsychologie, wo die Erklärungen den "intentionalen, aktiven Modus" der Phänomene unterdrückten (Schafer 1981, 878). Die Verantwortlichkeit für das eigene Handeln rückt in den Mittelpunkt, was wir besonders durch unser Medium erlebbar machen können.

"Mit den Begriffen des zur Anpassung fähigen Ichs, der adaptiven oder der autonomen Ich-Funktionen hat man versucht, genau das wieder einzuführen, was die Exklusivität der naturwissenschaftlichen Begriffsbildung fernhalten sollte, nämlich das fühlende, selbstbestimmte, Entscheidungen treffende, verantwortliche, tätige menschliche Wesen" (Schafer 1981, 901). Wenn wir uns in diesem Sinne unsere musikalischen Produkte ansehen, dann erleben wir sie als Wiederholung frühkindlicher Verhaltensweisen, als Lösungs- und Vermeidungsstrategien seelischer Konflikte.
Der Patient ist "Schöpfer und nicht Geschöpf", er ist aktiv an seinen Handlungen beteiligt und nicht passiv den Introjekten ausgeliefert.
"Es ist etwas, das sie (die Person) denkt, was so viel bedeutet wie: daß sie es tut" (Schafer 1981, 909).

*Die Einheit von Situation und Person wird betont durch das
Ziel, mehr Verantwortung für das eigene Leben zu übernehmen.
Der Patient "ist sein Impuls, seine Abwehr, seine Einsichten
usw., denn es sind seine Handlungen" (Schafer 1981, 916).
Durch solche Erkenntnisse kommen wir zur eigenen Urheber-
schaft. "Wir haben nicht den Mut, uns einzugestehen, daß wir
der Herr im eigenen Haus sind. Mit den Worten T.S. Elliots
möchten die Menschen das Gefühl haben, daß sie 'leben, aber
nur zum Teil lebendig sind'" (Schafer 1981, 924).*

*Neue Aspekte innerhalb der Psychotherapie treten in
Erscheinung mit dem aktiven Handlungsvollzug, der Bedeutung
nonverbaler Ausdrucksgestaltung und dem Verhalten. Die
Gedanken des freien spontanen Handelns hat Moreno zum
Verfahren des Psychodramas entwickelt (Moreno 1959), wo
Voraussetzungen geschaffen werden, daß der Patient
schöpferisch beteiligt seine Situation innerhalb der
therapeutischen Sitzung auslebt.*

*Handelnd be-greifen will auch die Musiktherapie; und dabei
kommen psychotherapeutische Techniken zur Anwendung, die
Schwabe auf drei unterschiedliche Handlungsmodelle gründet
(Schwabe 1983). Neben dem direktiven und nondirektiven
Handlungsmodell scheint das reflexive Handlungsmodell der
Strategie am nächsten zu kommen, die von mir in den folgenden
Fallbeispielen angewendet wird und deutlich eine analytische
Orientierung aufweist.
"Reflexives Handeln bezieht sich also auf die Bedeutung von
konkreten Patientenaktionen sowie auf deren kausalen
Beziehungszusammenhang. Insofern bezweckt reflexives Handeln
die Verdeutlichung von mehr oder weniger bewußten Konflikt-
zusammenhängen bzw. Konflikthintergründen. Für die Reali-
sation des reflexiven Handlungsmodells gelten folgende drei
Techniken: Die Interpretation, die Reflexion und die Konfrontation" (Schwabe 1983, 105).*

*Um aus der therapeutischen Praxis über Beobachtung und
Beschreibung zu Erklärungsversuchen zu kommen, definiere
ich den Handlungsbegriff genauer in Anlehnung an die psychoanalytische Theorieentwicklung. Die seelische Determiniert-
heit von Verhaltensweisen und vor allem der Gedanke des
"verleugneten Handelns" bei Roy Schafer sollen in der
Untersuchung der Wirkkräfte in der musiktherapeutischen
Situation beim Verstehensprozeß helfen. Es gilt ein
Instrument zu finden, welches die Differenziertheit der
verschiedenen musikalischen und nicht musikalischen Ebenen
trifft, die bei dieser Therapie am Werke sind. Die Handlungen
im therapeutischen Raum sind bemerkbar und verstehbar an
ihrem Ausdruck, der im gemeinsamen Produkt hervortritt.
Diesen Begriff benutze ich in einem umfassenderen Sinn als im
rein materiellen.
Vor dem Aufdecken zweier Fallvignetten können die Gedanken-
gebilde von Argelander und Lorenzer beitragen, im musika-*

lischen Bezug den Produktbegriff um das "szenische Verstehen" zu erweitern. In der Theorieentwicklung seit Freud macht sich auch die Psychoanalyse den "Spielraum für Therapie" bewußter, da heißt es jetzt: "Er (der Analytiker, d.V.) muß sich aufs Spiel mit dem Patienten einlassen und das heißt, er muß selbst die Bühne betreten. Er nimmt real am Spiel teil" (Lorenzer 1983, 113). In zwei verschiedenen Untersuchungsfeldern entstanden die Modelle des "Szenischen Verstehens"!

Argelander entwickelte es in der klinischen Analyse, vor allem bei der Technik des Erstinterviews in der Psychotherapie und Lorenzer in seiner "wissenschafts-theoretisch-metatheoretischen Untersuchung der psychoanalytischen Operationsform" (Lorenzer 1983, 112).
Sie kommen zu verschiedener Begrifflichkeit und Zuordnung der Funktion des szenischen Verstehens, doch bleiben für unseren therapeutischen Rahmen die Bedeutsamkeit des gefundenen Zusammenhangs und die Verknüpfungsmöglichkeiten im Therapeuten und im Patienten auffindbar.
In jedem therapeutischen Handeln geht es darum, den Sinn einer Darstellung zu enthüllen, damit die Gestalt des jeweiligen seelischen Vorgangs sichtbar wird. Wenn wir also die Qualität und die Wirkkräfte einer Therapie erfassen wollen, so müssen wir uns die Struktur des szenischen Gefüges einer solchen Begegnung ansehen. Auch Argelander spricht vom Therapeuten als Instrument, einem Bild, welches in der musiktherapeutischen Situation im vollen Sinne zutrifft durch das Mithandeln am gemeinsamen musikalischen Produkt. "Die schließlich erworbenen Fähigkeiten und Kenntnisse sind nicht nur intellektueller Natur, sondern basieren auf der Fähigkeit, die eigene Person in einem umfassenden Sinn als Instrument zu nutzen" (Argelander 1970, 7).

In seiner Darstellung über das Erstinterview entwickelt Argelander eine Technik der psychotherapeutischen Begegnung mit dem Patienten, die es dem Therapeuten ermöglicht, bei Ausschöpfung aller Fähigkeiten ein hohes Maß an Informationen zu erhalten. Dabei nutzt der Interviewer möglichst viele seelische Qualitäten und erhält so objektive, subjektive und szenische oder situative Informationen über das Problem des Patienten. Es interessiert in diesem Zusammenhang das Erfassen szenischer Faktoren, die ein ganzheitliches Bild dieser besonderen Situation gibt. Hier geht es besonders um die "ungewöhnliche Gesprächssituation" und die Psycho-Logik, als ungewöhnliche Form des Denkens, weil anscheinend Fähigkeiten und Wahrnehmungseinstellungen gebraucht werden, die der Musiktherapeut in seinem Medium auch benutzt.

Es kann nur sichtbar, greifbar werden, was vom Patienten weckbar, also lebendig werden kann. Um das zu verstehen, muß ein Teilhaben am Prozeß stattfinden, was der Musiktherapeut durch sein Mithandeln deutlich zeigt.

Argelander weist nun auf, wie Einsichten im Erstinterview
gewonnen werden, wenn die szenische Funktion des Menschen
genutzt wird, also die kreative Fähigkeit zur szenischen
Gestaltung. Er beschreibt die ungewöhnliche Gesprächssituation, in der sich zwei Gesprächspartner "zu Einsichten
verhelfen wollen, um aus ihnen Konsequenzen zu ziehen"
(Argelander 1970, 27).
Im Gefüge der Begegnung sucht der Therapeut nach der jeweils
subjektiven Bedeutung der Vorgänge, bewahrt oft bekannte
Zusammenhänge für den Patienten, um sie ihm als Eigenes
wiedererkennbar zurückzugeben zu neuen Verknüpfungen.
Argelander schreibt: "Man ist es nicht gewohnt, eine Aussage
auf ihren subjektiven Sinn zu prüfen und kommt deshalb nicht
auf die Idee, daß eine scheinbar sinnlose Mitteilung eine
unerwartete Bedeutung erhalten kann, wenn sie auf die
Situation selbst bezogen wird" (1970, 17).

Das Ziel jeder Therapie ist es, den Patienten zur "Selbsteigenheit" zu führen, was nur geschehen kann, wenn die
einsomatisierten Verhaltensentwürfe, also die ganz frühen
Spuren des Erlebens, wieder ins Bewußtsein und damit erlebbar
werden. Sie müssen zur Sprache kommen. In unserem Feld, wo
als Medium Musik fungiert und die Methode der freien Improvisation die Unmittelbarkeit des Zugangs zum Gefühlskern des
Individuums verstärkt, finden wir die von Argelander beschriebenen und für seine Technik in der Psychotherapie in eigener
Weise genutzten seelischen Mechanismen wieder. Wir ermöglichen direkt eine sinnliche Erfahrung, die offener und
unabgeschlossen, also zu Verknüpfungen bereit ist. An den
Fallvignetten werde ich versuchen aufzuzeigen, wie in
verschiedensten Bereichen verknüpft wird, im Spielprozeß und
Beziehungsprozeß ein Oszillieren von primär- und sekundär-
prozeßhaftem Denken und Erleben geschieht. So scheinen wir in
der Musiktherapie im Wechsel der Ebenen von Musik und
Sprache, Handeln und Betrachten, Erinnern und Beziehen
differenzierte Möglichkeiten der Bewußtwerdung und Bearbeitung von seelischen Konflikten zu haben.

Es geht sowohl in der Situation des Erstinterviews wie in der
musiktherapeutischen Situation um Transformation, eine Übersetzung, die geleistet werden muß. Dazu sind die Mittel, die
zur Verfügung stehen, verschieden.
Argelander beschreibt, wie der Patient seine Identitäts-
störung einschließlich seiner Abhängigkeit von einem fremden
Objekt in der Situation darstellt. Er teilt mit: "Ich kann
etwas als 'Eigenes' nicht wiedererkennen. Nur, wenn jemand es
für mich aufbewahrt, kann ich es als etwas 'Eigenes' neu
identifizieren" (Argelander 1970, 18).
Die musikalischen Produkte sind für unsere Patienten so etwas
Festgehaltenes und - weil mit dem Tonband aufgenommen -
wieder Anhörbares zusätzlich zum Erlebens- und Erfahrens-
prozeß, also überprüfbar.

Es scheint, daß die von Argelander beschriebene kreative Fähigkeit zur szenischen Gestaltung in der Musiktherapie besonders deutlich genutzt wird; in diesem Fall durch die Hereinnahme von In- und Umfeld einer Improvisation, die Einfälle beim, vor und nach dem Spiel, sowohl die des Therapeuten als auch des Patienten. In diesem Sinne die gemeinsame Improvisation als Szene beobachtend, werde ich in den zu beschreibenden Kasuistiken verfahren.
Argelander erläutert, wie sich durch die eigene Psycho-Logik das Problem darstellt. "Der Patient verrät uns also nicht nur mit seinen Informationen einen Eindruck von dem unbewußten Kräftespiel, das seine Krankheit bedingt, sondern stellt sie in der sprachlichen Kommunikation mit dem Interviewer direkt als Szene dar" (Argelander 1970, 61). Er nennt dies eine Ich-Funktion, die szenische Funktion des Ich.
Unsere Aufgabe ist es, zusätzlich, zu dem was jeder Psychotherapeut aufgrund geschulter Wahrnehmungsfähigkeit beobachtet, auch unsere Improvisationen als Material zu nehmen und an ihnen unter Einbeziehung der Szene die spezifische Ordnung und Zentrierung zu finden. Argelander spricht vom Streben nach zunehmender Prägnanz im Prozeß, wenn dieser nicht gestört wird. Die Verdichtung des Materials hilft uns beim Verstehen.

"Wir behalten Daten, deren Bedeutung wir nur ahnen, in unserer Erinnerung und arbeiten erst mit ihnen, wenn sie als Strukturelemente des Sinnzusammenhangs erkennbar werden" (Argelander 1970, 71). Argelander spricht vom "Prägnanzprinzip", und der Therapeut braucht, um dies zu verstehen, eine passagere Identifikation mit dem Patienten, also ein vorübergehendes Teilen. Dazu sollte er mitspielen können, die Bühne betreten, wie Lorenzer es nannte.
"Wir fühlen dann, daß es sich um einen Menschen handeln muß, der seine eigene Kontinuität nicht aufrechterhalten kann und keine spontane Fähigkeit hat, das Eigene wiederzuerkennen" (Argelander 1970, 112).
In der Musiktherapie haben wir da sicherlich ein zusätzliches Hilfsmittel, die Eigenkräfte des Patienten zu stützen, da wir die Werke festhalten und sie dadurch auch einen materiellen Charakter bekommen. In seinem Artikel "Lebenspraxis und szenisches Verstehen in der psychoanalytischen Praxis" (1983) problematisiert Lorenzer, daß die Psychoanalyse mit Sprachmitteln das Nichtsprachliche zu erkunden versucht, ihr Erkenntnisziel das Unbewußte ist. Das scheint fast ein Widerspruch zu sein, denn Erkenntnisverfahren und Erkenntnisgegenstand sollten sich decken. So kommt auch er in seinen metatheoretischen Überlegungen zu der Einsicht, daß die Psychoanalyse im Erkennen der seelischen Vorgänge ein breiteres Wahrnehmungsspektrum braucht. Es ist bezeichnend, daß Freud selbst eine novellenartige, also eine sehr vielschichtige Weise der Darstellung hatte.

Unser nichtsprachlicher unmittelbarer Zugang zum Patienten
hat daher eine zusätzliche Dimension, wobei im Handlungsprozeß des gemeinsamen Improvisierens von Therapeut und
Patient in den Ausdrucksformen der Musik teilweise in
Erscheinung tritt, was der Analytiker in seiner Situation
innerlich oder mit gezielter Deutung macht.
Für Freud war die Traumdeutung die "via regia" zur Kenntnis
des unbewußten Seelenlebens und Lorenzer fragt, wie eine
solche Sprachoperation das sprachlich Unbewußte erreichen
kann.

"Stellen wir fest: die Erinnerungsspuren sind Niederschläge
von Lebenspraxis, die (von außen oder von innen in Gang
gesetzt) das Verhalten der Menschen in einer vorgegebenen
Welt in konkret ausgeführten Formeln festhalten. Da diese
Erinnerungsspuren ja ausdrücklich von Freud als die Inhalte
des Unbewußten und d.h. des Triebes vorgestellt werden,
versteht es sich von selbst, daß diese Einzeichnungen vergangenen Lebens zugleich dynamische Entwürfe, ja, virulente
Faktoren zukünftiger Lebenspraxis bilden. Die Erinnerungsspuren sind mithin die Blaupausen des Lebensplanes und die
Potentiale seiner Verwirklichung" (Lorenzer 1983, 99).

Dort ist also der Zugang zu den frühen, zu den "grundlegenden
Lebenserfahrungen" (S. 100), dort, wo es noch keine Auf-
spaltung des Erlebens in Ich und Nicht-Ich, Selbst und Objekt
gab. Lorenzer erweitert Freud um die "Interaktionser-
fahrungen" dieser frühen Zeit. Diese "Ursituation" ist
komplexer als "Szenisches" zu erfassen, es werden ganze
Situationen in einer Begegnung repräsentiert.
Ein therapeutisches Medium, welches im Zeitfluß der Musik
lebt, also innerhalb verschiedenster Ebenen oszilliert,
könnte Szenen ermöglichen, wo solche frühen Erlebnisse
reaktualisiert werden.
Dazu gehören die Gefühle, die wir über die Sinnesreize der
Haut, der Ohren, im Tasten, Fühlen und Hören über das
Instrument dazugeben können.

Lorenzer stellt in seinem szenischen Modell die Verknüpfungen
der strukturellen Abläufe im Seelischen in Erweiterung von
Freud dar. "Kurz gesagt, die Sprache leistet das Bewußtmachen
des Unbewußten - Bewußtwerden ist das 'Zur-Sprache-kommen'
der einsomatisierten Verhaltensentwürfe; Verdrängung ist die
Abtrennung von Sprache" (Lorenzer 1983, 101).
Im Improvisationsvorgang oszillieren wir zwischen Primär- und
Sekundärprozeß, zwischen Erleben und Bewußtsein, beleben im
Spiel Wege zu verdrängten Gefühlen und Vorstellungen, oft zu
einer Erstsituation. Gleichzeitig verbinden wir innen und
außen; Schwingungen schaffen im Beziehungsprozeß am gemein-
samen Werk Verknüpfungen.
"Bewußtsein entsteht aus der Verknüpfung von szenischen
Erinnerungsspuren mit hinzugefügten Wortvorstellungen. Diese
Einheit, die wir 'sprachsymbolische Interaktionsform' nennen

wollen, hängt an beiden Enden mit der Realität zusammen: über die Erinnerungsspuren mit der dazugehörigen Szene und über die Wortvorstellungen mit deren Bedeutungsträger" (Lorenzer 1983, 102).
Für die Betrachtung der Praxisbeispiele setze ich als Hypothese, daß in der musiktherapeutischen Situation im Kreise der Handlung eine Wiederherstellung und ein Neuerleben des Interaktionsmusters und der Bedeutungsträger möglich ist. Die Musik kann in der nicht-sprachlichen Symbolschicht treffen und setzt in sinnlich unmittelbarem Spiel präverbal an. Vergleichbar ist die Beschreibung und Interpretation Freuds im "Garnrollenspiel". Freud stellt dort die kindliche Inszenierung des Fortgehens und Herbeizitierens der Mutter dar, den Schritt von der Passivität zur Aktivität, vom Dominiertwerden durch die Mutter zur Selbstverfügung des Kindes.
Lorenzer beschreibt das Verknüpfungsschema: "Zwei Erlebnissituationen werden zusammengeschaltet, allerdings bestehen die 'inneren' Repräsentanzen beim Garnrollenspiel beide Male aus sensomotorischen Erinnerungsspuren und nicht - wie bei der Sprache - aus der Kombination von 'Erinnerungsspur' und 'Wortvorstellung'" (1983, 107).
Indikationsüberlegungen für Musiktherapie scheinen dort angezeigt, wo Zugang über die Sinne wichtig ist, entweder weil Entscheidendes sehr früh, also vorsprachlich geschah, oder weil eine Zwangsstruktur Vorstellungen als Widerstand so stark besetzt.

Die sinnlichere Spielsymbolik gibt uns neue Möglichkeiten des Zugangs und der Bearbeitung im Sinne von Weckung eigener kreativer Potentiale des Patienten, die an vorhandene Fähigkeiten anknüpfen. Häufig sind verdrängte Erinnerungsspuren abgeschnitten vom "Sprachspiel und Probehandeln" (Lorenzer 1983, 108), erhalten sich aber eine Weckbarkeit durch situative Reize. Diese gilt es zu treffen und nutzbar zu machen. Das kann zum Beispiel im Traum geschehen durch Verschiebung.
"Die verbotenen Erinnerungsspuren machen sich jene Querverbindungen zunutze, die schon beim Garnrollenspiel, d.h. bei den sinnlich-unmittelbaren Symbolisierungen gebraucht wurden. Der Träumer 'verschiebt' die Wunscherfüllung von der anstößigen Szene auf eine 'strukturell' entsprechende, aber unanstößige - so wie das Kind das Trennungs- und Rückkehrerlebnis auf das 'machbare' Garnrollenspiel verschob. Wenn auch die Gründe für das Ausweichen beide Male differieren, der Mechanismus ist derselbe: es wird dieselbe Verschiebung zwischen verwandten Engrammen in Anspruch genommen" (S. 109).

Lorenzer weist nach, daß die Notwendigkeit, szenisches Verstehen zu entwickeln, älter als die Psychoanalyse sei. Die Spielebene der Musiktherapie ist demnach auch vom Gedanken her, daß Erlebtes dramatisiert und "erzählt" werden kann, eine besondere Herausforderung für den Patienten. Diese Ebene des Erspielens in der Bewältigung seelischer Wirklichkeit ist älter als Sprache und in der Musik gleichzeitig verbunden mit einer höheren Ebene des Bewußtseins. Unmittelbar Beteiligtsein im gestaltenden Prozeß durch Mitschwingen und Hineinfühlen und dabei der Schöpfende sein, ist eine Funktion, die auch an die Notwendigkeit von Märchen für Kinder erinnert. Dort kann symbolisch durchgelebt werden, was an widerstrebenden Gefühlen und tabuisierten Bereichen sonst nicht möglich ist. Dabei kann zurückgegangen werden und vorausgeeilt werden in der Entwicklung, weil eine "Zwischenwelt" dies möglich macht (vgl. dazu auch Bettelheim, "Kinder brauchen Märchen", 1980).

Das Modell des szenischen Verstehens wurde an zwei unterschiedlichen Untersuchungsfeldern entwickelt. Lorenzer faßt diese Entwicklungen so zusammen: "Argelander spricht vom szenischen Verstehen als einer Funktion des Ichs, das die szenische Erfahrung konstruiert. Bei mir führte die Bestimmung des psychoanalytischen Erkenntnisstandes zur Begründung der szenischen Struktur des Es: Es wird aus szenischen Beziehungsformeln (in einer Synthesis von Natur und gesellschaftlicher Praxisform) gebildet" (1983, 112).

Und wenig später benennt Lorenzer als innere Notwendigkeit des Analytikers das, was der Musiktherapeut aktiv handelnd im Therapieprozeß tut: "Im Sich-Einlassen auf das Spiel des Patienten (der dem Analytiker eine Rolle in seinem Drama zuweist) kommt der Psychoanalytiker auf den Boden der unbewußten, sprachexkommunizierten Wirkungsschicht. Dieses unmittelbare Zusammenspiel muß der Analytiker erreichen, nicht um agierend in einer Folie a deux zu versinken, sondern um aus dem teilhabend-teilnehmenden Zusammenspiel aus der eigenen Miterfahrung dieses Spiels die verdrängten und das heißt, die von Sprache abgespalteten, einmaterialisierten Verhaltensformeln wieder mit dem Gefüge der dazu-'gehörigen' Namen verbinden zu können" (S. 114).
Dieses "sprachlose Spiel" von Therapeut und Patient forderte schon Freud, doch scheint die Psychoanalyse erst in ihrer Weiterentwicklung ein Stück aus ihrer Distanz und Abstinenz im Verhalten dem Patienten gegenüber herauszukommen.
Im Improvisationsvorgang der Musik scheint sich ebenfalls ein Resymbolisierungsvorgang abzuspielen. In der direkten Berührung der beiden Spielenden verbindet sich die sprachlose Ebene mit den Klangträgern zu einer Bewußtmachung vergessener oder neu zu ordnender Phänomene.

2.13 Reiks "Drittes Ohr"

Der Vorgang des Verstehens erfordert vom Therapeuten eine besondere Wahrnehmungseinstellung, die einem Austausch von Regungen, wie sie zwischen allen menschlichen Wesen üblich ist, eine ebensolche Bedeutung zukommen läßt wie dem Wort.
Um diese Fähigkeit des Verstehens zu entwickeln und verantwortlich therapeutisch zu nutzen, benötigt der Therapeut eine eigene Analyse. Dann kann er möglichst genau seine Entwicklungsprozesse kennenlernen, die seine Geschichte formten.

Theodor Reik, ein Psychologe der frühen psychoanalytischen Bewegung, versuchte diese Fähigkeit zu charakterisieren, welche in der Beziehung des Therapeuten zum Patienten die wahrnehmende Haltung bestimmt: Er nannte dieses Phänomen das "Dritte Ohr" (Reik 1983). Als Wichtigstes in der psychoanalytischen Erfahrung sieht er die Beziehung zwischen dem Unbewußten des Patienten und dem Unbewußten des Therapeuten. Reik nimmt zur Verdeutlichung dieses Phänomens ein Schiller-Zitat: "Willst du die anderen verstehn, blick in dein eignes Herz" (Reik 1983, 434). In dieser - von Freud als "gleichschwebende Aufmerksamkeit" bezeichneten - Haltung nimmt der Therapeut den anderen gleichsam einen Augenblick in sein Ich auf.

Erlauschen dessen, was ohne Worte vermittelt wird, erfordert Vertrauen in den eigenen Instinkt. Es ist mehr als empathische Beteiligung und Begleitung dessen, was der Patient in der Therapiesituation wiedererlebt.
Das "Dritte Ohr" nimmt scheinbare Nebensachen wahr, verknüpft Bemerkungen, Gesten, Szenisches, Atmosphärisches, mit der eigenen Geschichte zu einem Zeitpunkt, der vom Verlauf des Prozesses bestimmt wird. So wundert sich der Therapeut häufig, daß er eine Sache bemerkt, die schon eine Weile geäußert wurde, aber erst zu einem überraschenden Moment ins Blickfeld gerät, wie eine bestimmte Haltung, eine Geste, einen Geruch, ein Wort. Das Bild von einer Werkstatt beinhaltet das "Im-werden-Sein" der therapeutischen Arbeit, wo das Material gesammelt, betrachtet und geordnet wird. Dabei ist wichtigstes Behandlungsinstrument - "Werkzeug" - die Person des Therapeuten als mitschwingendes, auf die Bewegungen des Patienten reagierendes Echo.
Dieses Instrument bekommt in der musiktherapeutischen Arbeit eine noch direktere Bedeutung als die musikalischen Instrumente; denn sie sind nur die Mittler, über die der Therapeut im Herstellungsvorgang der gemeinsamen musikalischen Improvisation seine Wahrnehmungen und Empfindungen sofort ausdrückt.

Anders als der analytische Therapeut, der zunächst wartet und schweigt - wie im Gespräch zunächst nur einer sich ausbreitet, worauf der andere reagiert - , spielt der Musiktherapeut gleichzeitig mit.

Das entstehende Werk ist Ganzes durch die beiden Spielenden. Die besondere Weise des Sich-Einlassens auf das Spiel des anderen ist im Falle der Musiktherapie mit Resonanzkörperfunktion treffend charakterisiert.
Im Aufnehmen und Wiedergeben lebendig mitzuschwingen und sich aus dieser Haltung zu eigenen musikalischen Einfällen anregen zu lassen, ist die Tätigkeit des Musiktherapeuten. Diese Haltung ist mit dem "Dritten Ohr" im Sinne Reiks zu vergleichen.

Von dieser Einstellung ging ich bei der Aufarbeitung der Musikbeispiele aus, als ich versuchte, das Spezifische dieser Gestalten zu charakterisieren. Das Zurückschwingen als persönlicher Eindruck der Zuhörer vom Werk wurde gefordert, also die Bereitschaft, zum Resonanzkörper zu werden und die subjektiven Einfälle zu beschreiben. Die Beschreiber waren am Herstellungsprozeß der Musik nicht beteiligt gewesen.

Mit dieser Einstellung hoffte ich annähernd etwas von dem Wesentlichen musikalischer Äußerung greifen zu können, wenn nach Übereinstimmung der verschiedenen Beschreibungen gesucht wurde.
Der Untersuchungsgegenstand - etwas lebendig Seelisches - wurde von lebendig Seelischem aufgenommen und beschrieben, wobei sich etwas mitteilte vom Unbewußten der Spielenden zum Unbewußten der Hörenden.
Wenn im praktischen Teil dieser Arbeit die Fallbeispiele in den Mittelpunkt rücken, ist es ebenso für den Leser zum Verständnis notwendig, sich hörend und mitschwingend auf die Musik einzulassen, damit sich über die Musik der Beziehungsvorgang aus der therapeutischen Situation mitteilen kann.

Da das Seelische überdeterminiert ist, und die Musik diese zeithafte Qualität hat, mit der sie verknüpft, kommt ein Vorgang in seiner Ganzheit in der Improvisation vielfältig zum Leben.
Ich denke, daß Musiktherapie hier eine Qualität hat, die andere analytische Verfahren nicht haben. Wieder finde ich bei Reik einen Hinweis auf diese eventuell greifende Sichtweise der musiktherapeutischen Prozesse, als er sich zum Zwecke der Selbstanalyse eines Traumes Gedanken über die Überdeterminiertheit der Assoziation machte:
"Das (die Überdeterminiertheit) bedeutet, daß viele Fäden einen Gedanken mit dem vorangehenden und den folgenden verknüpfen. Tatsächlich kann eine Beschreibung eine vollständige Aufstellung dieser Überdeterminiertheit ergeben, weil es unmöglich ist, die simultane Interaktion der Gedanken auf verschiedenen Ebenen zu beschreiben. Man muß Gleichzeitigkeit in Folge verwandeln und die Dimension der Oberfläche und Tiefe im psychischen Prozeß läßt sich nur andeuten" (Reik 1983, 67/68).

2.14 Kohut - Musik als Spannungsregulierung

In der psychoanalytischen Literatur stellt man fest, daß
wenig über Musik gesagt ist und wenn, daß sich der Autor mit
der kreativen Persönlichkeit des Musikers befaßt, wenig mit
den Wirkungen auf den Zuhörer (vgl. Sterba 1946). Das tut
dann Kohut, wobei er ein konservatives Verständnis von der
Beschäftigung mit Musik zugrunde legt, das Spielen oder Hören
von komponierter Musik und die dabei auftauchenden psychologischen Funktionen (Kohut 1977).
In dieser Arbeit geht es um den aktiven improvisatorischen
Musikvollzug und ein erweitertes Verständnis von Musikalität
im Sinne von kreativen Ausdrucks- und Gestaltungspotenzen des
Seelischen jedes Menschen. Kohuts Denkmodell kann auch für
diesen Zusammenhang wichtig werden.

Kohut weist in seinem Aufsatz "Über den Musikgenuß" (1977)
eine frühe Verbindung zwischen Geräusch und bedrohlicher
Außenwelt des Kindes nach. Wegen der Gefahr einer psycho-
biologischen Vernichtung entwickle das Kind zunächst Angst-
reaktionen. Diese archaischen Verbindungen und die Notwendigkeit von Spannungslösung sei eine der frühesten Erfahrungen
und bleibe auch in der weiteren Entwicklung bedeutend. Kohut
sieht nun die Bedeutung der Musik, vor allem den Genuß der-
selben, in der Möglichkeit, Chaos - also ursprünglich
bedrohlich erlebte Hörreize - in geordnete Stimulation verwandeln zu können.
"Die Befreiung von dieser primitiven Angst vor Zerstörung
erfolgt durch die formalen Aspekte der Musik, die das
entwickelte, musikalische Ich in die Lage versetzen, diese
präverbalen Geräuscherfahrungen zu meistern" (Kohut 1977, 202)
Durch den psychologischen Prozess von Bedrohung über Er-
leichterung zu Genuß, (innerhalb eines verständlichen Bezugs-
systems, nämlich der Musik, werden ehemals bedrohliche
Geräusche bewältigt) wiederhole sich ein Spannungserleben als
Regression auf einen früheren Ich-Zustand. Das Genußvolle
daran sei, daß sich der Musikausübende oder -hörende bewußt
diesem Spannungsprozeß überlassen könne.

Diese Deutung der Wirksamkeit musikalischer Vorgänge - wohl-
gemerkt von komponierter Musik - scheint mir interessant,
bewegt sich aber vorrangig auf einer biologischen Ebene. Die
Körperfunktionen reagieren auf den musikalischen Spannungsprozeß. Darüberhinaus entsteht die Frage, inwieweit die
Spannungsprozesse in der Musik wirksam und behandelbar
werden, wenn die freie Improvisationsregel und der Beziehungs-
aspekt dazukommen.
Dann treten primäre sowie sekundäre Phänomene auf, da der
Patient seine Weise, mit sich und seinen Objekten umzugehen,
ins Werk setzt.
Spannungsbewältigung oder auch Erspüren von Ausgeliefert-Sein
geschieht im aktiven Herstellungsprozeß der eigenen Musik,

während das von Kohut beschriebene Phänomen ein Mitgenommen-Werden innerhalb der Komposition (also das Umgehen mit konsonanten und dissonanten Bewegungen innerhalb eines Systems) meint. In der Arbeit der aktiven analytisch orientierten Musiktherapie kann sich demgegenüber das eigene System, also das entwickelte Beziehungsverhalten des Individuums, abbilden.

Kohut führt seine Gedanken in dem Aufsatz "Psychologische Funktionen der Musik" (ebenfalls 1977) weiter aus. Unter strukturellem Gesichtspunkt der Psychoanalyse sieht er die Musik in Beziehung zu Es, Ich und Über-Ich. "Erstens erlaubt Musik eine Katharsis primitiver Impulse; Musik ist eine emotionale Erfahrung. Zweitens stellt die musikalische Aktivität eine Übung in (substitutivem) Beherrschen dar; Musik ist eine Form des Spiels. Drittens wird die Musik, als Ausdruck von Regeln, denen man sich unterwirft, zu einer Aufgabe, die erfüllt werden muß; Musik ist eine ästhetische Erfahrung" (Kohut 1977, 224).

Kohut nimmt auch eine Einteilung der musikalischen Vorgänge in primäre und sekundäre Anteile vor. Doch er siedelt das psychologische Erleben im präverbalen Entwicklungsstadium an, wo es um Regulierung innerer Spannungen auf psychophysischer Ebene geht.
Daher erhält die musikalische Aktivität als spannungsabsorbierende Kraft in seinem Verständnis diese biologische Funktion. Dieses Gleichgewicht, was zu erhalten oder herzustellen bei frühgestörten Patienten sicherlich eine Bedeutung hat, ist in meinem beschriebenen Therapieansatz jedoch nicht ausschließlich gemeint. Hier wird vielmehr durch die Aktivität des Improvisationsvorgangs zu Spannungen und Lösungsversuchen aus dem eigenen kreativen Potential des Patienten herausgefordert.
Ich versuche, die Spannungen dahingehend vom Patienten nutzen zu lassen, daß konstruktive Veränderungsprozesse eventuell über destruktive, entbindende Phasen, schöpferisch gefunden werden. Als "Regression im Dienste des Ich" (Kris in Kohut 1977, 237) kann die Musik in Phasen der Spannungslösung führen und dadurch therapeutisch sinnvoll sein.
Während Kohut der Musik vorwiegend eine "kathartische Erfahrung" zuspricht, sie als "Übertragungsphänomen, Kompromißbildung oder als Sublimation" (Kohut 1977, 220) sieht, gehe ich in der therapeutischen Anwendung der musikalischen Kräfte im Beziehungsraum einen Schritt weiter und habe beobachtet, daß die Patienten Lösungsversuche ihrer spezifischen Problematik mit Hilfe dieses Mediums fanden, wenn es aktiv schöpferisch genutzt wurde.

Dennoch gilt: "Die Spannungen, die durch verdrängte Wünsche geschaffen werden, dürfen sich in der musikalischen Emotion stellvertretend lösen, während sie sonst eingeschlossen geblieben wären und das Ich mit unmodifizierten Formen der Entladung bedroht hätten" (Kohut 1977, 220).

Das Lösen im Sinne von Entbinden und Unabhängiger-Werden,
also sich Separieren, kann im Improvisationsvorgang der Musik
funktionieren. Es geht darum, ambivalenter Empfindungen Herr
zu werden, da in der freien Improvisation der Musik das
Tabuisierte eher vorstellbar und erlaubt ist. Parallelen zum
Mythos drängen sich auf, aus dem die Musiktherapie einige
ihrer Ursprünge bezieht (vgl. dazu Linke: "Heilung durch
Musik", 1977, ebenso Freud: "Über Psychotherapie", 1978).
Kohut schreibt, "daß musikalische Aktivität sich dem Ich als
freudespendende Form des Beherrschens anbietet, als freude-
spendendes Überwinden der Bedrohung durch einen traumatischen
Zustand (das heißt, das Panikerleben wird verhindert), analog
zu der Spieltheorie, die Freud 1920 vorbrachte" (Kohut 1977,
221, darin verwiesen auf Freud, 1920: "Jenseits des Lust-
prinzips").

2.2 Musikpsychologische, musikästhetische und musikgestalterische Aspekte

2.21 Musik als Gestalt

Die zweite wichtige Grundlage für das Verständnis musiktherapeutischer Arbeit sind Aussagen zu musikpsychologischen, musikästhetischen und musikgestalterischen Aspekten. In der Musik haben wir es mit einem Wechselspiel von konstruktiv darstellender Formung mit unwillkürlichem, emotionalem Ausdruck zu tun. In dieser Vielschichtigkeit liegen die Möglichkeiten und Wirkfaktoren für das Hervor-treten von Unbewußtem, aber auch die Schwierigkeiten, solche komplexe Gestalten zu verstehen, denn:

"Alle psychischen Inhalte sind ganzheitliche Gefüge" (Klaes 1934, 29).

Ringbom unterscheidet methodisch die Analyse und Deutung der Musik. Beiden Notwendigkeiten im forschenden Zugriff bescheinigt er eine wechselseitige Bedingtheit und Ausgewogenheit des Geistigen und Lebendigen, des Funktionalen und des Ausdruckshaften (Ringbom 1955, 216).
So stehen wir bei der Betrachtung musikalischer Produkte, die durch den Spieltrieb in einer therapeutischen Situation entstanden sind, vor hermeneutischen Überlegungen, wenn wir den vitalen Inhalt verstehen wollen, und ebenso vor Fragen der musikalischen Analyse, wenn wir die Bedeutung der gewählten Form in ihren Gestalten bemerken, die nur mit analytischer Vorgehensweise untersucht werden können.

Das Erleben von Ganzheiten in der Musik führt uns zu der dynamischen und lebendigen Qualität dieses Mediums, aus dem wir seine therapeutischen Möglichkeiten ableiten. "Der Gestaltprozeß erhält durch die einander folgenden Töne gewissermaßen immer wieder frische Energien; die musikalische Gestalt muß sich deshalb von einer Gestalt, deren Fundierung statisch, deren Objekt in sich ruhend ist, grundsätzlich unterscheiden" (Klaes 1934, 34).
Musikalische Ganzheiten sind also ständig in Veränderung begriffen. Der Spannungsvorgang dieser Prozesse ist ein zu erlebendes Geschehen von subjektiver Natur. Dabei unterscheidet Klaes den musikalischen Sinn - den absoluten Wert als Musik - vom persönlichen Erlebnis einer Musik.
Die spezifische Form des Musikerlebens, als Verstehen einer Sukzessivgestalt, die es ermöglicht, "eben - jetzt - später" zu verbinden, ist ein wichtiger Faktor im Therapieprozeß. Mit dem Begriff der "Präsenzzeit", als besondere Zeitqualität der Musik, ist eine Voraussetzung gegeben, die im Erfahren und Aufarbeiten seelischer Probleme Verknüpfungen zuläßt, die zu Lösungswegen führen können.

"Mit diesem Begriff (der Präsenzzeit, d.V.) ist das eigentümliche Gegenwärtighaben eines Vergangenen im Jetzt gemeint. Ebenso schließt er in sich ein höchst eigenartiges psychisches Vorwegnehmen des Zukünftigen im Jetzt". Und weiter: "Präsenz heißt: Konzentration einer Zeitstrecke in einem Zeitpunkt, der als solcher auch wieder kein Punkt ist, weil dieser Jetztpunkt aufgrund der Kontinuität des Bewußtseins im gleichen Augenblick auch ein Eben ist" (Klaes 1934, 38).
Diese Überlegungen - im Zusammenhang gesehen mit der Gestalt- und Ganzheitspsychologie (Wertheimer 1925, Köhler 1933) und von Klaes auf das Verstehen von Musik angewandt - führen zu einer ganzheitlichen Sichtweise, die für die therapeutische Nutzung von größter Wichtigkeit ist.
In den Fallbeispielen werden solche Geschichten, die während der Improvisation entstanden sind, ganzheitlich beschrieben.

2.22 Musik als gestaltete Form - Strawinsky

Eine andere Sichtweise der Musik als die gestaltpsychologische findet sich bei Strawinsky. Seine Gedanken für ein neueres Musikverständnis werden stellvertretend dargestellt, weil sie meines Erachtens auch für eine musiktherapeutische Betrachtungsweise von Bedeutung sind. Strawinsky steht in der Zeit des Umsturzes der musikalischen Werte, was er als Umwälzung im musikalischen Wesen bezeichnet und nicht als Revolution. Kunst sei ihrem Wesen nach konstruktiv (Strawinsky 1949, 14). Strawinsky spricht erst dann von Musik, wenn in der Natur und in instrumentalen Bereichen mögliche Klänge und Töne bewußt vom Menschen gestaltet werden, also die Formung, das Ordnen und Grenzensetzen das entscheidende Kriterium für den Wert ist. In seinem Kunstbegriff kommen die Gestaltung des Ursprünglichen und das Wirken des Geistes zusammen.

Genau diese Doppelgleisigkeit ist ein wichtiger Aspekt im musiktherapeutischen Handeln, zwischen dem Entdecken, Erforschen und Zulassen von "natürlichen Triebelementen" und dem geistigen "Damit-Umgehen" und "Ins-Werk-Setzen".
Töne induzieren eine Polarität. Es entstehen Spannungen, Tempo, Rhythmus, Melos, wobei sich das tonale Spiel im Zeitverlauf in der Aufgliederung und Bildung von Ordnungen entwickelt. Die Musik als Zeitkunst, als Ordnung der Zeit, spielt dann die entscheidende Rolle bei den Wirkkräften. Dabei macht Strawinsky einen Unterschied zwischen ontologischer Zeit und psychologischer Zeit. Die erstere leitet eher dazu an, Analogien herzustellen, die zweite Kontraste. Zwischen diesen Einheits- und Vielfältigkeitsbestrebungen bewegt sich der Mensch in seinem Leben hin und her.

"Die Musik kräftigt sich in dem Maße, wie sie den Verführungen der Mannigfaltigkeit entgeht. Was sie an zweifelhaften Reichtümern verliert, gewinnt sie an wahrer Festigkeit" (Strawinsky 1949, 26).
"Der Kontrast ist überall. Es genügt, ihn als Tatsache festzustellen. Die Analogie ist verborgen, man muß sie entdecken, und ich entdecke sie nur mit äußerster Anstrengung" (Strawinsky 1949, 26).
In meiner Untersuchung der Fallbeispiele zeigte sich bei früher gestörten Patienten oder immer dann, wenn sich die musiktherapeutische Situation mit der früheren Entwicklungsstufe beschäftigte, eine deutliche Tendenz zu Rhythmus und Puls hin als einer Art Urform der Sicherheit. Im weiteren schien Entwicklung von Melodie und Ausnutzung der tonalen Spannungsmöglichkeiten ein Indiz für reifere Zustände zu sein.

Auch Strawinsky schreibt von der Erregung, die vorhanden ist, wenn man sich im schöpferischen Vorgang mit der Realisation einer Werkidee beschäftigt. Es ist ein Kampf mit etwas Un-

bekanntem, das bis jetzt noch nicht gestaltet worden ist. Der Künstler braucht noch eine besondere Fähigkeit, von einer Konzeption zu einer Realisation zu gelangen. Die Anlage dieser Kräfte, die eigenen Möglichkeiten, mit musikalischen Mitteln, mit Zeit- und Tonmaterial umzugehen, ist in jedem Menschen angelegt und wird für das Verstehen psychischer Prozesse in der Musiktherapie genutzt. Obwohl Strawinsky von Künstlern und Komponisten spricht, scheinen daher Parallelen zum Verhalten der Patienten beim Spielvorgang möglich zu sein. Da sei ein Abgrund von Freiheit und unendlichen Möglichkeiten, wobei es sich dann zeige, wie der Künstler in der Lage sei, sich selbst Grenzen aufzuerlegen und innerhalb dieser Grenzen seine Freiheiten zu finden.

"Das Prinzip dieser Methode enthüllt uns eine unterbewußte Aktivität, die zur Einheit drängt; denn wir ziehen instinktiv das Zusammenhängende und seine beruhigende Kraft den unruhigen Mächten der Zerstreuung vor - den Bereich der Ordnung dem Bereich des Ungleichartigen" (Strawinsky 1949, 49). Strawinsky stellt in seinen Vorlesungen die Disziplin, Ordnung und das Grenzensetzen dar, was erst die Freiheit der eigenen Möglichkeiten in die Wege leite.
"Wieviel gesünder und heilsamer ist es, nach der Realität eines Begrenzten zu trachten als nach der Unendlichkeit des Ungeeinten" (Strawinsky 1949, 90).

2.23 Ontologie der Musik - Linke - Hartmann

Daß die Dialektik in der Musik zugleich ihre formbildende und lösende Kraft ist, das finden wir auch in anderen Denkmodellen wieder. So versucht Linke eine Ontologie der Musik zu entwickeln und untersucht dazu die historischen Seinsgesetze im Bezug zur Identität der musikalischen Werke (Linke 1976, 101).
"Das Mögliche hat Vorrang vor dem Wirklichen. Denn im Wirklichen kann nur selten die Erfahrung von Freiheit erwachsen. Im Möglichen aber, im Kreativen und sogar Paradoxen wissen wir selber Freiheit hervorzubringen und nach außen zu kehren" (Linke 1976, 111).

Und weiter: "Wahrheit existiert im Musikwerk einzig im Widerspruch und Mißverständnis, indem wahrheitsgemäß die unüberbrückbaren Gegensätze unserer Existenz im Werk widergespiegelt und 'ausgetragen' werden" (Linke 1976, 117).
 Da tauchen die Begriffe Freiheit und Bindung auf, zu deren Polen und Übergängen ich in den Falluntersuchungen und Analysen der musiktherapeutischen Produkte ebenfalls gelangte.
Linke wendet dann im weiteren die Schichtungsgesetze der kritischen Ontologie Hartmanns an, dessen "kategoriales Novum" in der entsprechend untersuchten Schicht den Wechsel und Übergang bezeichnet, der aber nicht als Phänomen erklärbar bleibt. Damit werden Bereiche berührt, die sich der Deutung entziehen.

Bei Hartmann heißt es: "Die Musik ist dem Seelenleben in einem Punkt von Grunde aus verwandt; beide sind zeitlich ausgedehnt, beide bestehen im Fluß, im ständigen Übergang, in der Bewegung; beide befinden sich im Widerspiel von Spannung und Entspannung, Erregung und Besänftigung (Hartmann, 1953, 236). Und weiterhin finden wir für unseren Zusammenhang relevante Gedanken: "Die Musik kann die seelische Bewegung gleichsam direkt 'abmalen' in der Bewegtheit der Töne und Klänge" (Hartmann 1953, 237).
 Obwohl hier der Hörer von Musik gemeint ist, treffen auch diese Überlegungen die Wirkkräfte, mit denen wir aktiv arbeiten: "Die Musik ist die einzige Kunst, die so in den Menschen eindringt, ihn direkt zuinnerst erfaßt und zum Mitschwingen bringt. Hier ist ein Begriff wie 'Einfühlung' unentbehrlich: Der musikalisch Hörende 'lebt' eben wirklich 'fühlend' mit der Musik" (Hartmann 1953, 255)!

2.24 Musik als Spiegel seelischer Vorgänge - Schnebel

Schnebel hat sich in einigen Aufsätzen damit auseinandergesetzt, wie sich die Charakterstruktur des Komponisten und das, was in die Musik davon eingeht, gegenseitig beeinflussen und sich am Werke äußern.
Er verweist am Beispiel Schumann auf die dialektischen Zusammenhänge: "Je mehr seine (Schumanns) Psyche dissoziierte, desto konventioneller wurde seine Musik. In den Anfängen, als Schumann psychisch noch kräftiger war, haben sich die dissoziativen Vorgänge, die sich später in seinem Leben abgespielt haben, in der Musik ausgedrückt, wurden da bewältigt - und führten zu Kühnheiten. Indem er sein inneres Chaos in der Kunst zu gestalten vermochte, konnte er es bändigen, und er blieb gewissermaßen zusammen. In dem Maß, in welchem seine Psyche auseinanderfiel, schwand die Kraft der Umsetzung in Musik - und diese wurde immer konventioneller. Das heißt: Je weniger Schumann in der Musik sein inneres Chaos ausleben konnte und dadurch formend in den Griff bekam, desto mehr mußte er wirklich 'verrückt' werden" (Schnebel 1980, 75).

Trotz ähnlicher Grundannahmen beim schöpferischen Prozess besteht hier ein Unterschied zwischen dem seelischen Vorgang eines Künstlers beim Komponieren und dem von Patient und Therapeut beim Improvisieren. Die schöpferischen Potentiale setzen sich in einer zusätzlichen Dimension, nämlich der Beziehung um, was in der Therapie, also der Behandlung seelischer Konflikte, entscheidend mitwirkt.

Im musikalischen Improvisationsvorgang scheint die Dialektik, die Spaltung des Auflösungs- und Bindungstriebpotentials aufgehoben. Über die sinnlich nahe Erfahrung des Spielens, was Bloch als "Verwandeln" bezeichnet hat, bleiben die Kräfte in Bewegung und treiben zu Lösungen. Diese können lebendig wieder als Übergänge zu neuen Prozessen verstanden werden, so daß dieses Spiel mit Spannungen progressiven Charakter behält.

Was auf der einen Seite die Freilassung des Materials zur Öffnung der latenten Möglichkeiten hin ist, ist auf der anderen Seite die Notwendigkeit von Bindungen, denn "in der Bindung gewinnen Elemente erst ihren Sinn" (Schnebel 1972, 205). Die Musik ist durch die Bewegung und Entwicklung bestimmt, durch das Formen, das wieder Entbinden zu neuen Formen und neuen Möglichkeiten. So wie in der therapeutischen Arbeit wird hier die Kraft des Bindens und Lösens, die Kraft zum Schließen und zum Öffnen für Neues benutzt.
Sowohl bei den neueren Komponisten als auch in den therapeutischen Produkten versucht das Werk der gestaltgewordene Augenblick zu werden. Schnebel spricht bei den experimentellen Formen des John Cage von "Kochender Materie", womit schon die Bewegung und der Aufbruch gekennzeichnet ist. Stoff

und Form setzen sich auseinander, an Konventionen wird nicht
mehr festgehalten, der Stoff gerät in Bewegung. Dafür ist es
notwendig, daß die Form elastisch mitwachsen kann. Das geschieht immer dann nicht, wenn ein Interesse daran besteht,
ein zurückgebliebenes Bewußtsein zu konservieren, dann
entstehen Anachronismen.

"Jedoch gerade die Komponisten, denen Kunst nicht bloß
Einhaltung von Übereinkünften, sondern Abschaffen von
Inhaltslosem und Verhärtetem hieß, waren so leicht nicht bei
der Stange zu halten - ... Der Druck aufs Äußere der Musik,
sie in bereitgestellte Formen zu pressen, den die Verpflichtung einer ehrwürdigen Tradition noch moralisch stärkte,
drängte Kompositionstechnik dahin, sich mehr mit dem Stoff
zu beschäftigen" (Schnebel 1972, 141).

Die Komponisten gehen jetzt daran, die alten Formschemata
abzustoßen. "Nach Stockhausen gibt es da 'keine Gestalten,
Themen, Motive, Objekte' mehr, die 'wiederholt, variiert,
durchgeführt, kontrastiert, zergliedert, bearbeitet, vergrößert, verkleinert, moduliert, transponiert, gespiegelt
oder als Krebs geführt werden' (Texte I, Köln 1963, S. 36/37).
Ausgegangen wird materialistisch vom einzelnen Ton und seinen
Eigenschaften (Länge, Dauer, Höhe, Frequenz, Volumen, Lautstärke, Schwingungsform, Klangfarbe). Die Töne werden komponiert, daß 'Materialstruktur und Werkstruktur', also Stoff
und Form übereinstimmen" (Schnebel 1972, 141). Hier wird also
eine Quelle für die Wirksamkeit von Musik entdeckt, die wir
therapeutisch nutzen und dort ebenfalls als Quelle für das
Auffinden von Ursachen und Zusammenhängen im seelischen
Bereich finden. Die spezifischen Eigenschaften der Inhalte,
des Materials, werden als ursächliche Kraft für die Formbildung betrachtet, was in der therapeutischen Arbeit der
zentrale Ausgangspunkt ist für das Verstehen von entwickelten
Formzusammenhängen.

Die Wirkung der neueren Musik hat eine Menge Beunruhigung,
Ärger und Wut ausgelöst. Dies Rühren an unbekannte gefühlsmäßige Bereiche mußte stark abgewehrt werden, was oft dadurch
geschah, daß man es nicht recht ernst nahm, schwieg oder
sonst unnatürlich reagierte und es als Spaß abtat. Ebenso wie
in einer therapeutischen Situation wagen sich hier die Komponisten in unbekannte Bereiche und lassen die Dynamik von
dem aufgefundenen Stoff bestimmen. Wiederum Schnebel:
"Solches Vorgehen ist experimentell, will freilich keine
Bestätigung, sondern das, was man noch nicht kennt, - und
hat" (Schnebel 1972, 144).

Bestehendes wurde mit der avantgardistischen Musik in Frage
gestellt. Die Beunruhigung durch die Kunst der sechziger
Jahre drückt Schnebel aus: "Vielleicht auch wird die latente
Angst, der Boden unter den Füßen könne wanken und Feststehendes stürzen, wenigstens für Augenblicke bemerkbarer als
gewöhnlich" (Schnebel 1972, 477).

Wichtig war den Komponisten dieser Zeit und ist es heute noch in verschiedenen Kunstbereichen, anzustoßen und zum Überdenken der herkömmlichen Formen anzuregen. "Es geht um Gefühle, die wir haben , nicht nur um jene, die man haben darf" (Schnebel 1972, 477).
"Da sie (die Gefühle) in Kunst gewissermaßen herausgelassen werden, sich etwa im 'Triebleben der Klänge' ausdrücken, hat sie selbst etwas Untergründiges, da kommt manches zweideutig hoch, es entstehen Anspielungen, und vielleicht gibt es Verletzungen von Konventionen und Tabus, allerdings auch befreites Aufatmen und Hochgefühle" (Schnebel 1972, 477).

Schnebel bringt ein interessantes Beispiel, in dem er darstellt, daß einem Gerücht zufolge der angeblich unzüchtige Griff eines Pizzicato auf der Geige mit einigen Tagen Haft geahndet worden sei.

Diese freisetzenden Momente werden jedoch oft von konventionellen Sedimenten gehemmt. Schnebel versucht in seinen "Maulwerken" eine Emanzipation von Stimmhemmungen zu erreichen, indem er einen Produktionsprozeß der Stimme komponiert hat, wo ein großer Freiraum für die Eigengestaltung der Vokalisten vorhanden ist. Auch der Zuhörer und Zuschauer wird mitten in die Produktion und Reproduktion hineingenommen. "Kommunikation ist auf Sehen, Hören oder auf Fühlen reduziert. Das ist Zerfall und Anfang zugleich" (Schnebel 1972, 458).
Die unerschöpfliche Phantasie des Menschen und das unerschöpfliche Material wird benutzt in grenzenloser Form als Umstoßen und Loslassen von Überliefertem und Tabus. Wie in der therapeutischen Situation, so geht es auch bei dieser neuen Weise Musik zu entwickeln darum, etwas frei zu geben und es seinen eigenen Weg selber suchen zu lassen. Erst dann, so sagt Schnebel: "Kommt heraus, was darin steckt" (Schnebel 1972, 148).

Cage wurde zum Beispiel von vielen Zeitgenossen als ein Katalysator eines Befreiungsprozesses erlebt. Die Bindungen an die eigene Geschichte und Tradition der Entwicklung ist jedoch sehr stark, so daß diese neueren Versuche oft revolutionär erlebt werden und vor allem in europäischen Bereichen schwerer zu realisieren sind als in Amerika. Schnebel sagt dazu: "Cage nannte die einheimischen Quellen, die Amerika von Europa und Asien unterscheiden, 'das Vermögen leicht mit der Tradition zu brechen, leicht die Bewegung in die Luft zu nehmen; das Vermögen, das Unvorhergesehene des Experimentierens'" (Schnebel 1972, 144).

Schnebel entwickelt weiter, komponieren bedeute, sich näher an das Material heranzuarbeiten, um dessen Inneres zu entdecken. "Da ward zunächst dessen Inneres entdeckt: daß die so schwer faßbaren quasi immateriellen Töne nicht bloß schwingende Luft sind, sondern einverwickelter Stoff, in dem vieles

sich abgesetzt hat. Nun ist auch die Bewegung darin erkannt
und freigelassen, das 'Dynamei on', 'In Möglichkeit sein',
von dem Bloch im eingangs zitierten Avicenna-Buch zentral
handelt. An anderer Stelle heißt es: 'Der neuere Künstler
tritt als zugleich entbindende und vollendende Kraft auf.
Dergestalt, daß er die im Stoff angelegte Gestaltung des
Stoffs (die Form) klar und deutlich herausbringt'"
(Schnebel 1972, 149). Die Beweglichkeit wird wichtig. Form
bilden - sprengen - abstreifen - neue Form bilden.
Dazu ein Zitat von Bloch: "Der Schoß der Materie ist mit dem
bisher wirklich gewordenen nicht erschöpft; die wichtigsten
Daseinsformen unserer Geschichte und Natur stehen noch in der
Latenz realer Möglichkeiten" (Bloch 1980, 149). Die Wirklichkeit, mit der sich hier die Komponisten beschäftigen - und
ich sehe wieder die Parallele zur musiktherapeutischen
Situation - ist die Wirklichkeit, die zu allen Möglichkeiten
hin offen ist. Dennoch finden Begrenzungen statt, entweder
durch eine - so offen auch immer - gegebene Form oder durch
eine Vorstellung.

Die Auseinandersetzung mit der Form ist innerhalb der Musik
ein von den Komponisten viel bewegtes Thema, da es Musik ohne
Form nicht gibt.
Auch in der scheinbar chaotischsten Musik existiert eine
Form, die nur mit bereits bekannten Formen nicht identisch
sein muß. Eine Form muß also nicht vorgegeben sein, und eine
vorgegebene Form kann durch eine neue aufgehoben werden. In
der neuen Musik wird alles, was klingt als musikfähiges
Material betrachtet, obzwar noch nicht als Musik; der Musik-
und Formbegriff ist erweitert.
Ligeti sagt dazu (zitiert nach Schnebel): "Die Stücke
realisieren die Möglichkeiten, die das ausgewählte Material
bietet, und erhalten Form als Entfaltung von dessen
Potential. Materialverlauf und Form werden eins" (Schnebel
1972, 142). In der Therapie versuchen wir, dem Menschen zu
seiner Selbsteigenheit zu verhelfen, ihn zu begleiten auf dem
Weg, die eigenen Potentiale zu finden und zu entwickeln. Von
diesen Überlegungen her bekommt der Aspekt der Improvisation
als Raum für die Entfaltung eigener Produktivität seine
Bedeutung.

2.25 Improvisation in Musik - eine Möglichkeit, Seelisches wahrnehmbar zu machen.

Was in der avantgardistischen Musik als neuer Impuls erkannt und entwickelt wurde, nämlich die spontane Improvisation, spielt in der aktiven Musiktherapie die zentrale Rolle.
Die neue Musik will, ähnlich wie im Jazz, die Emanzipation des Spielers, Musikers und Hörers fördern.
Im Zusammenhang mit Therapie möchte ich den Aspekt herausheben, der die Beteiligung und Mitbildung am musikalischen Herstellungsprozeß meint. Denn daraus resultiert die Bedeutung der musikalischen Improvisation für die Musiktherapie.

Ernest T. Ferand spricht von der Improvisationspraxis als einer entwicklungsgeschichtlich frühen Stufe der Musikübung und einem Überwiegen des Gefühlsmäßigen und Spontanen. "Stets handelt es sich bei der improvisatorischen Leistung um einen aus dem musikalischen Gefühl unmittelbar entspringenden 'kurzschluß'-artigen Vorgang. Oft bricht dieser als Reaktion auf einen aktuellen äußeren oder inneren Reiz mehr oder minder plötzlich hervor unter Umgehung des Intellekts und könnte somit als 'musikalische Reflexbewegung' bezeichnet werden" (Die Musik in Geschichte und Gegenwart, Bd. 6, Kassel 1957, S. 1094).
Die Berührung archaischer Bereiche, aktiviert im Prinzip der Polyzentrik des afrikanischen Tanzes, wird als therapeutisches Mittel bis heute eingesetzt und übt auch auf Europäer eine faszinierende und befreiende Wirkung aus.

"Nach gängiger europäischer Auffassung ist Musik vorwiegend rational und an die Zeit gebunden: Musik verläuft in der Zeit. Demgegenüber lebt sich die afrikanische ganzheitliche Kunst- und Lebensauffassung vorwiegend emotional und motional aus. Sie ist an die Bewegung gebunden" (Storb 1987, 5). Wenn es gelingt, im Patienten eine spontane Neugier auf Instrumente und Klang zu wecken, so wird sein Forscher- und Entdeckerdrang lebendig. Obwohl unterschieden werden muß zwischen improvisierter Musik und der Musik des Künstlers im konventionellen Sinne, wird durch diese Art des Spieltriebs etwas Wesentliches im Menschen getroffen.
Max Graf, der Wiener Professor für Musikästhetik und Teilnehmer an Freuds Mittwochskreis, beschreibt schon zu Beginn dieses Jahrhunderts die Psycho-Logik des Musikers bei den Formbildungsprozessen und betont eine Autonomie des unbewußten Seelenlebens, die sich drängend lebendig in den Kunstwerken durchsetzt. Da verbinden sich die Gedanken des Handelns und Verknüpfens, die ich bei Schafer und Lorenzer ausführte, ebenso mit dem Spielraum als Übergangsraum im Sinne Winnicotts. Graf schreibt schon 1910: "Was wir die innere Werkstatt des Künstlers genannt haben, ist eigentlich die Kinderstube, in der ein gereifter Mann mit altem Spielzeug hantiert, das er liebevoll aufbewahrt hat" (Graf 1910, 248).

Reik stellt Verbindungen zwischen Künstlern, in diesem Falle
Schriftstellern und Freuds Forschungen im Seelischen her. "Es
ist nicht einmal wichtig, daß es sich hier um ein ausge-
suchtes Ziel handelt und dort um einen Schuß ins Dunkle. Was
zählt, ist, daß der Schuß ins Dunkle die gleiche Scheibe
trifft. Was zählt, ist der Mut gegenüber den eigenen Gedanken, die Furchtlosigkeit angesichts der Dunkelheit in einem
Selbst und anderen. Mut und Aufrichtigkeit werden als die
einzigen Werte betrachtet" (Reik 1983, 110).
Da zeigt sich dann, welche Einstellung und Toleranzbreite
sowie Nutzung des Eigenpotentials der jeweilige Komponist
oder Musiktherapeut hat, was er für einen Musikbegriff
besitzt.

Freud untersuchte den Witz in der Beziehung zum Unbewußten,
seinen Lustgewinn und sein Vermeidungsverhalten. "Die Lust
des Witzes schien uns aus erspartem Hemmungsaufwand
hervor zugehen, die der Komik aus erspartem Vorstellungs-
(besetzungs-) aufwand, und die des Humors aus erspartem
Gefühlsaufwand" (Freud 1979, 192). Es geht auch beim Witz um
die verlorengegangene, in der Kindheit erlebte Lust und um
dessen Wiedergewinnen in sublimierter Form. So kann "Verbotenes" eine Ausdrucksform finden.

Eine anorektische Patientin drückte sich einmal so aus: "Wenn
ich sagen könnte, was es ist, würde ich es wissen". Ein noch
unbestimmtes Gefühl und Berührtsein, was sie noch nicht näher
deuten konnte, ließ sie nach einer Improvisation nachdenklich zurück.
Ich erlebe immer wieder die Überraschung und Betroffenheit
der Patienten, wenn sie mit ihren Produkten konfrontiert
werden.

In der Therapie mit einem jungen Mann, der an schweren
Kontaktstörungen litt, zeigte schon die Improvisation
"Stehenlassen" aus der 4. Sitzung die ganze Fülle seiner
Kräfte. Es schien, als ob der "Improvisationstrieb" sich
selbständig machte, die Widerstände des Patienten im Schutze
des Spielrahmens unter- und überlief und seine Persönlichkeit
ganz prägnant zum Ausdruck brachte. Dieser Vorgang blieb dann
bis zur 30. Sitzung zwar irgendwo gespeichert, doch weit-
gehend vorbewußt. Beim Anhören des frühen Produkts wurde der
Patient in dieser späteren Sitzung sehr aufgeregt, meinte
mittendrin, nun könne eigentlich Schluß sein und staunte, daß
er damals schon mutig über die Grenze hinaus weitergespielt
hatte. Es sind die Verrückungen, an denen sich das Entscheidende in der Musik, als Ausdruck des Seelischen, er-
eignet, es sind die Stellen des Aufregenden, Modernen und die
Stellen der Innovation.

Schnebel weist im Zusammenhang mit dem Gespräch über sein
Werk "Thanatos - Eros" darauf hin, daß eine Beziehung bestehe
zwischen der Struktur des Werkes und der Charakterstruktur
eines Künstlers:

"Was war da für ein Charakter - beziehungsweise Triebstruktur und wie hat die sich in der musikalischen Struktur ausgewirkt? Wie liefen seine (Wagners) kreativen Prozesse ab? Wie unterscheiden sie sich von denen anderer Leute? Denn, kreativ sind wir alle" (Schnebel 1980, 77).

Diese Gedanken erinnern an den Werkstattcharakter der therapeutischen Situation. Es ist ein Raum, der durch seine spezifischen Qualitäten Spielmöglichkeiten für den Menschen darstellt, um sich mit eigenen und fremden Grenzen auseinanderzusetzen. Er kann sich einen Rahmen setzen, um innerhalb dieses Rahmens spielerisch mit den eigenen Anteilen umzugehen. Es ist so etwas wie ein Zwischenraum zwischen Traum und Leben, zwischen Phantasie und Realität, wobei das musikalische Werk und der Gestaltungsvorgang die beiden Berührungspunkte bilden.

Das gesamte Erleben dieses Raumes mit dem "Noch-nicht-Gewordenen" (Bloch 1980), einem Bereich, der etwas Magisches hat, wird in der Improvisation angesprochen. Gleichzeitig können vorhanden sein: Vergangenes, Gegenwart und Zukunft. Im spielerischen Akt kann vorausgeeilt und zurückbezogen werden. Dabei gilt jedoch: "Das gute Neue ist niemals so ganz neu. Es wirkt weit über die Tagträume hinaus, von denen das Leben durchzogen, die gestaltende Kunst erfüllt ist" (Bloch 1980, 6).
Im Rahmen einer selbstgesetzten Ordnung kann in dunkle Bereiche eingedrungen werden, um mit der inneren Erfahrung vertrauter zu werden.
"Die einzige Brücke, die den modernen Menschen noch mit dem der Antike verbindet, ist die menschliche Psyche: es ändert sich lediglich ihr Äußeres, ihr phantasmatisches Substrat dagegen - das Unbewußte - ist zeitlos. Die griechische Zivilisation, insbesondere ihre Mysterien, sind uns nur durch Einfühlung zugänglich. Zwar können wir uns nicht immer in sie hineindenken, aber wir sind fast immer in der Lage, uns in sie hineinzufühlen" (Deveraux 1981, 8).

Der Improvisationsraum in der Musik scheint eine Zwischenwelt zuzulassen, die Reisen ins Unbewußte ermöglicht. Wir bewegen uns in einer Art, die Verbindungen zur Entwicklungszeit, also zum Lebensfluß herausfordert. Im Spiel können die latenten, lebendig gewordenen Möglichkeiten des Patienten wahrnehmbar werden. Die Wirkung scheint in der Nutzung der Gegenkräfte zu liegen, dem Erkennen und Fürwahrnehmen der anderen Seite. In der freien Improvisation können Impulse für Neues erspürt werden, kann Initiative ergriffen werden, etwas in Gang kommen.
Es geht um Form - Neue Form - Nichtform in der Zeitqualität und Beweglichkeit der Musik, die aus der eigenen Intuition entsteht. Erfahrungsgemäß kann die Aufforderung zur freien Improvisation von bestimmten frühgestörten Patienten bedrohlich erlebt werden, als Aufforderung zum regellosen

Chaos. Durch das gleichzeitig haltende, strukturbildende
Beziehungsangebot kann eine solche Tendenz jedoch im Sinne
von Ich-Stützung durch die Therapeutin ausgeglichen werden.

Intendiert ist die Veränderung des Bestehenden und die
Öffnung für das Fremde. Das macht sich die Musiktherapie
durch die Methode der freien Improvisation zunutze, indem sie
dem Patienten Lust und Neugier zurückgibt, in eigenver-
antwortliche Prozesse und unkonventionelle Nutzung von
Material einzutreten. Denn der wirkliche Inhalt, die im
Unbewußten stark wirksamen und bindenden Anteile der Psyche,
sollen herauskommen, was bedeutet, daß sich auch Formen verändern müssen. Im Musikalischen wie im Psychischen, in der
Entwicklung der neueren Musik und in der Nutzung dieser
Erkenntnisse vom Wechselspiel Musik - Psyche - Biographie -
setzen sich Stoff und Form auseinander und bringen aus dieser
Spannung heraus alles in Bewegung.

Freuds Gedanken über das Phantasieleben des Künstlers, von
Schnebel in diesen Zusammenhang gestellt, sollen dieses
Kapitel abschließen. "Ehe ich Sie heute entlasse, möchte ich
aber Ihre Aufmerksamkeit noch eine Weile für eine Seite des
Phantasielebens in Anspruch nehmen, die des allgemeinsten
Interesses würdig ist. Es gibt nämlich einen Rückweg von der
Phantasie zur Realität, das ist - die Kunst. Der Künstler ist
im Ansatz auch ein Introvertierter, der es nicht weit zur
Neurose hat. Er wird von überstarken Triebbedürfnissen
gedrängt, möchte Ehre, Macht, Reichtum, Ruhm und die Liebe
der Frauen erwerben; es fehlen ihm aber die Mittel, um diese
Befriedigungen zu erreichen. Darum wendet er sich wie ein
anderer Unbefriedigter von der Wirklichkeit ab und überträgt
all sein Interesse, auch seine Libido, auf die Wunschbil-
dungen seines Phantasielebens, von denen aus der Weg zur
Neurose führen könnte. Es muß wohl vielerlei zusammentreffen,
damit dies nicht der volle Ausgang seiner Entwicklung werde;
es ist ja bekannt, wie häufig gerade Künstler an einer
partiellen Hemmung ihrer Leistungsfähigkeit durch Neurosen
leiden. Wahrscheinlich enthält ihre Konstitution eine starke
Fähigkeit zur Sublimierung und eine gewisse Lockerheit der
den Konflikt entscheidenden Verdrängungen. Den Rückweg zur
Realität findet der Künstler aber auf folgende Art. Er ist ja
nicht der einzige, der ein Phantasieleben führt. Das Zwi-
schenreich der Phantasie ist durch allgemein menschliche
Übereinkunft gebilligt, und jeder Entbehrende erwartet von
daher Linderung und Trost. Aber den Nichtkünstlern ist der
Bezug von Lustgewinn aus den Quellen der Phantasie sehr
eingeschränkt. Die Unerbittlichkeit ihrer Verdrängungen
nötigt sie, sich mit den spärlichen Tagträumen, die noch
bewußt werden dürfen, zu begnügen. Wenn einer ein rechter
Künstler ist, dann verfügt er über mehr. Er versteht es,
erstens, seine Tagträume so zu bearbeiten, daß sie das allzu
Persönliche, welches Fremde abstößt, verlieren und für die
anderen mitgenießbar werden. Er weiß sie auch so weit zu

mildern, daß sie ihre Herkunft aus den verpönten Quellen
nicht leicht verraten. Er besitzt ferner das rätselhafte
Vermögen, ein bestimmtes Material zu formen, bis es zum
getreuen Ebenbilde seiner Phantasievorstellungen geworden
ist, und dann weiß er an diese Darstellung seiner unbewußten
Phantasie so viel Lustgewinn zu knüpfen, daß durch sie die
Verdrängungen wenigstens zeitweilig überwogen und aufgehoben
werden. Kann er das alles leisten, so ermöglicht er es den
anderen, aus den eigenen unzugänglich gewordenen Lustquellen
ihres Unbewußten wiederum Trost und Linderung zu schöpfen,
gewinnt ihre Dankbarkeit und Bewunderung und hat nun durch
seine Phantasie erreicht, was er vorerst nur in seiner
Phantasie erreicht hatte: Ehre, Macht und die Liebe der
Frauen" (Freud 1973, 390).

Diese psychischen Bedingungen einer Künstlernatur könnten den
eigentlichen Bestrebungen einer Musiktherapie entgegenstehen,
nämlich Anstoß für Strukturveränderungen im Seelischen zu
geben und nicht Manifestation oder Fixierung des Bestehenden
anzustreben. Die Aufgabe von Therapie, neue Erfahrungen zu
vermitteln, ... "emotional zu bewegen und möglichst ...
Prozesse zu fördern, gar zu entbinden, die auf Veränderung
drängen. Neue Kunst will den neuen Menschen" (Schnebel 1972,
484).

Die Forderung eines "neuen Menschen" ist von allerdings vielen
Ideologen mißbraucht worden. Wesentlicher ist doch die Frage,
wie sich Neues mit Herkömmlichem sinnvoll verbinden ließe.

3. Entwicklung eines eigenen Konzeptes
   - Vom Handlungsmodell zum Behandlungsmodell

Die Erfahrungen mit analytisch orientierter Musiktherapie erforderten eine Systematisierung in der Aufarbeitung der in lehrtherapeutischer und eigener Praxis gewonnenen Kasuistiken. Der erste Erklärungsversuch einer Anwendung Priestleyscher Grundsetzungen im Falle einer Kindertherapie sind in der Abschlußarbeit zum Mentorenkurs Musiktherapie Herdecke dargelegt (Langenberg 1980).

Das Grundsetting wurde zum Zwecke einer kindgemäßen Therapieatmosphäre um eine Kiste mit spielerischen Kleininstrumenten und eine Decke erweitert. Der ganze Raum mit seinen Möglichkeiten des Umbaus und der Nutzung wurde bewußter und aktiver als in der Erwachsenentherapie zur Bühne, auf der die kleine Patientin ihre innere und äußere Welt in Szene setzte.

Die Herausforderung zur Aktivität und die Beweglichkeit des Mediums, welches durch die freie Improvisations- und Interaktionsregel zum Spielen und Begegnen einlud, führten mich zur Entwicklung eines Handlungsmodells. Ich versuchte die Spannbreite der musiktherapeutischen Berührungen in Form eines graphischen Modells festzuhalten, um die Prozesse in der Bewegung zwischen Regression und Aggression zu erklären:

Zwei Menschen begegnen sich in ihrer Einzigartigkeit und persönlichen Prägung (Langenberg 1980, 107).

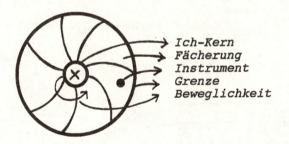

Zur freien Improvisationsregel, der Auseinandersetzung mit dem Instrument und dem musikalischen Eigenkreis, kommt die Interaktionsregel hinzu, die Berührung und Beziehung zur mitspielenden Therapeutin und deren Tonsystem. Die beiden Menschen stellen ein gemeinsames musikalisches Produkt her (Langenberg 1980, 109).

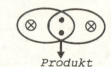

Regression   Aggression

Die Extreme der Berührungs- und dadurch Veränderungsmöglich-
keiten liegen durch den Zeitfluß des Spielens einmal im
Zurückgehen - <u>Regression</u> - auf früheste Entwicklungsstadien
im Sinne der Zweieinheit, der gemeinsamen Grenze und "Brutatmosphäre" (vgl. Mahler 1974); musikalisch ausgedrückt zum
Beispiel in einer Form des "Schwingens in einem Puls".
Regressive Phänomene können sich vielfältig sowohl im rhyth-
mischen wie im melodischen Feld zeigen. Um das wiederum in
der Situation zu verstehen, ist die Schau der Gesamtszene -
wie ich später aufzeigen werde - notwendig.

Das Extreme auf der entgegengesetzten Seite, der Entwicklung
zur Individualität, ist die konstruktive <u>Aggression</u>
(aggredi - sich an jemanden wenden, jemanden angreifen,
anklagen, etwas unternehmen, Taschen - Heinichen, 17). Das
bedeutet, eigene erkennbare Formen zu entwickeln, Initiative
zu ergreifen, sich vom anderen abzugrenzen, ohne ihn zerstören zu müssen (im Sinne von 'Ich oder Nichts'; Erikson
1979). Zur Begründung dieser Erklärungsansätze der musiktherapeutischen Situation bezog ich mich auf Theorien von
Mahler, Spitz, Winnicott sowie Erikson.

Anhand des Fallbeispiels "Petra" stellte ich die identitäts-
herausfordernde Kraft der Musiktherapie dar, wenn im
Spannungsfeld Regression / Aggression gearbeitet wird.

Ein zweiter graphischer Versuch, die gefundenen Qualitäten
von Verschmelzung und Trennung in der Wirksamkeit der
Gleichzeitigkeit des musikalischen Begegnungs- und Her-
stellungsprozesses zu zeigen, ist der Erfahrungsblock
(Langenberg 1980, 110).

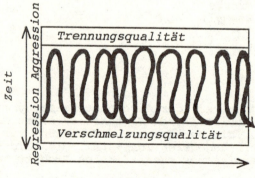

durchgehend -
verändert werden

Als Reifungsziel ist wichtig, den ganzen Spielraum zur
Verfügung zu haben, sich vertrauensvoll annähern zu können -
ohne die Befürchtung verschlungen zu werden - und sich
abstoßen zu können, um im Abgrenzungsvorgang eigene Dynamik
zu nutzen.
Dadurch entsteht zwischen Therapeut und Patient eine gelebte
und in einem künstlerischen Medium festgehaltene Beziehung.

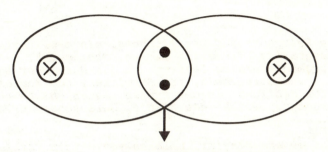

Schnittmenge - Produkt

Das Bild der Schnittmenge zeigt deutlich den Vorgang: er ist
dynamisch, sehr lebendig und kann in Extreme von Symbiose und
völliger Trennung gehen. Ideal scheint das Bild der Schnittmenge, denn die einzelnen Teile enthalten die Individualität
des einzelnen Spielers und das Ganze, ebenso eine Eigen-
qualität dieser besonderen Begegnung. Die entstehenden
Produkte oder auch Werke dieser Interaktion rücken ins
Zentrum des Interesses und sollen in dieser Arbeit untersucht werden.
Wichtige Voraussetzung dieses Handlungsmodells ist der freie
Spielraum, wie ihn ein analytisch orientiertes Setting
braucht.

Aufgrund meiner Darstellung des Handlungsbegriffs bei
Schafer, sowie der wichtigen Gedanken zum szenischen
Verstehen bei Argelander und Lorenzer, möchte ich das
musiktherapeutische Setting der analytisch orientierten
Richtung erweitert darstellen.
Als Produkt nehme ich den gesamten Raum der Begegnung, das
Umfeld zum musikalischen Spiel dazu, was Einfälle vor,
während und nach der Improvisation meint, also auch die
sprachliche Dimension. Sie bedeutet die Übersetzung der
gemachten Erfahrungen.

Im Handeln kommt der Patient mit dem Wegbegleiter Therapeut
zum Verstehen dessen, was sich einstellt. Dieses bedeutet,
daß es zu Beginn der Arbeit kein festgelegtes Ziel gibt,
sondern daß zunächst ein Weg gefunden werden muß, den Sinn
dessen zu verstehen, was nach Ausdruck drängt.
Daher beschreibe ich meinen Handlungsbegriff genauer über die
drei Stufen der Therapiesituation:

     begegnen - herstellen - bewerkstelligen.

Begegnen:

In der musiktherapeutischen Situation hat sich herausgestellt, daß die spezifische Form des bereitgestellten Raumes, seine Möglichkeiten und Bedingungen eine Grundvoraussetzung sind, damit sich Begegnung zum Zwecke des gemeinsamen Arbeitens ereignen kann. Es wird ein Raum zur Verfügung gestellt mit einem ausdrucksbreiten Instrumentarium:

Chromatische Xylophone und Metallophone, ein erweitertes Orff-Instrumentarium, Trommeln, Becken, Schlagwerk, Flöten, Folkloreinstrumente - also Instrumente aus Holz oder Metall, zum Schlagen, zum Streicheln, zum Streichen, zum Zupfen, für die Hände, für den Mund, in den Arm zu nehmen, harte und weiche Instrumente, welche die Klänge, Geräusche und Töne wiedergeben.

Außerdem gibt es ein Klavier, welches von seiner Verkleidung befreit ist und dazu einlädt, es auch unkonventionell im Innenraum zu benutzen und zu beobachten, wie es funktioniert. Dieser Raum macht neugierig, lädt dazu ein zu berühren, zum Klingen zu bringen, sinnlich zu spielen.

Die erste Beziehung ist also die zum Instrument, ist die Möglichkeit herauszufinden, was heute in mir und mit mir klingen will. Der Aufforderungscharakter, ein klangliches Produkt herzustellen, wird auch von dem Material Klang selbst initiiert, sobald der erste Ton im Raum ist.
Sobald die ersten Klänge/Töne entstehen, ergibt sich eine innere Notwendigkeit weiterzuspinnen, zu formen, zu bauen, ein Werk herzustellen.
Außer diesem Eigenkreis gibt es nun noch die zweite Beziehung, die Beziehung zum Therapeuten. Auch wenn nicht gemeinsam gespielt wird, ist diese Möglichkeit und Berührungsform ebenfalls im Raum. Die Klänge begegnen sich auch dann, wenn sie von den Spielern als nicht aufeinander bezogen gemeint sind, weil jeder für sich spielt. Mein Klang ist mir in der Begegnung zum anderen schon voraus. Anhand dieses Modells der beiden Kreise, die sich begegnen und die die Möglichkeit zu einer Schnittmenge haben, versuche ich darzustellen, wie die Bewegung im Eigenkreis vor sich geht in der Auseinandersetzung mit dem Instrument, und - wie ich später beschreiben werde - mit den eigenen Phantasien, Vorerfahrungen, Vorstellungen und Gefühlen. Auf der anderen Seite wird durch den mitspielenden Partner etwas ausgelöst.
   Neben der Herausforderung durch das Instrument und dessen klangliche Möglichkeiten, die sich eigengesetzlich mit dem Patienten binden, und der Be-ziehung zur mitspielenden Therapeutin, ergibt sich eine weitere Dimension, die ich als "freie Spielregel" beschreiben möchte. Damit sich das Eigentypische der Person, ihre Form der Beziehungsaufnahme zu Objekten ereignen kann, muß der Spielraum frei und vielfältig gestaltbar sein.

Daher ist die Grundregel dieser Begegnung:

> *Wir spielen, was uns einfällt, lassen uns von
> dem in uns bestimmen, was nach Ausdruck drängt,
> auch wenn es uns unsinnig oder absurd erscheint.*

Dies ist die erweiterte analytische Grundregel, erweitert um die Möglichkeiten, im Medium Musik zu spielen.
Untersucht werden soll an den Fallbeispielen, ob unter diesen Bedingungen Eigengesetzlichkeiten der Person, spezifische Beziehungsmuster, eigene Erfahrungen und Erlebnisse mit Klang sich in Szene setzen und verstanden werden. Begegnung setzt in Bewegung; Klang als sinnliches Erfahren setzt in Bewegung, gestaltet Zeit, formt Erleben.

H e r s t e l l e n   -   B e w e r k s t e l l i g e n :

"Das Desiderium, die einzig ehrliche Eigenschaft aller Menschen, ist unerforscht. Das Noch-nicht-Bewußte, Noch-nicht-Gewordene, obwohl es den Sinn aller Menschen und den Horizont alles Seins erfüllt, ist nicht einmal als Wort, geschweige als Begriff durchdrungen" (Bloch 1980, 4).
   In der analytisch orientierten Musiktherapie beschäftigen wir uns mit einer seelischen Kraft, die handelnd Produkte herzustellen vermag. Bei diesem Herstellungsvorgang erlebt sich der Spieler in einem tagtraumartigen Zustand, der ihn in Verbindung mit gewesenen, un- oder vorbewußten sowie progressiven Anteilen seiner Person treten läßt (Eschen 1980, 146).

Diese konstruktive Kraft, die sich der Mensch in Träumen zunutze macht, setzen wir in der Therapie herausfordernd durch das Medium Musik ein. Dabei scheinen diese Vorgänge den Tagträumen näher als den Nachtträumen zu sein, da ein aktiver Antrieb sichtbar wird, der das Ich reizt, alt und neu zu verbinden.

Bloch spricht beim Traum von der "Stärkung der Tatkraft des arbeitenden Menschen" (Bloch 1980, 9).
"Wäre der Mensch aller Fähigkeiten bar, in dieser Weise zu träumen, könnte er nicht dann und wann vorauseilen, um in seiner Phantasie als einheitliches und vollendetes Bild das Werk zu erblicken, das eben erst unter seinen Händen zu entstehen beginnt, dann kann ich mir absolut nicht vorstellen, welcher Beweggrund den Menschen zwingen würde, weitläufige und anstrengende Arbeiten auf dem Gebiete der Kunst, der Wissenschaft und des praktischen Lebens in Angriff zu nehmen und zu Ende zu führen ..." (Bloch 1980, 9).

Diesen strebenden, nach außen gerichteten Drang regen wir durch die musiktherapeutische Grundregel der freien Improvisation an. Die Produkte, die in dieser therapeutischen Arbeit wichtig sind, entstehen aus einer Interaktion.

Das Dritte, die musikalische Interaktion, spiegelt den Beziehungsvorgang und Erlebnisvorgang des Individuums mit seinem Partner beim Spielen wider. An den Beispielen soll untersucht werden, wie die Auseinandersetzung mit den klanglich musikalischen Möglichkeiten, den begleitenden Phantasien, Vorstellungen und Gefühlen geschieht.

Gemeinsam von Therapeut und Patient hergestellte Produkte aus einer Interaktion, in einem psychotherapeutischen Setting, gibt es nur im musiktherapeutischen Handeln. Dieses kann als Spezifikum der Musiktherapie bezeichnet werden.

Der antizipierende, auf Verarbeitung angelegte Charakter der Improvisation, dessen seelischem Vermögen wir eine große Nähe zum Tagtraum zusprechen, interessiert im weiteren. Ich möchte die Strukturen dieser Produkte erforschen, die Lösungsmöglichkeiten des Individuums aufdecken, mit widerstrebenden Gefühlen fertig zu werden, Spannung zu lösen - im Sinne einer Regression und Aggression als konstruktiver, auf Zukunft gerichteter Kraft. Dabei kann die Musik an sich nicht alleine therapeutisch wirken: Das Gesamtsetting mit der Grundsetzung der drei Faktoren von Beziehung zu Instrument, Therapeut und freier Spielregel ist der Ausgangspunkt, um Veränderungen im Sinne einer Be-handlung zu ermöglichen.

II. Praktischer Teil*

1. Praxisbeispiele
1.1 Beschreibung - Prozeßcharakter -
    Verstehensgrundlage in Resonanzkörperfunktion

Den zweiten Teil dieser Arbeit bildet die musiktherapeutische
Praxis. Hier wird durch das Aufdecken von Szenen exemplarisch
versucht, die vorher dargestellten Ansätze aus Musik und
psychoanalytischer Wissenschaft auf die Praxis zu beziehen.
  Dabei soll sich das Spezifische der musikalischen Produkte
und Prozesse abbilden.
Die Übersetzung und das Verstehen dieser Phänomene geschieht
mit Hilfe des Verstehensmodells.

Untersucht werden soll mit Hilfe des Instrumentariums, was
der Sinn dieser Handlungen sein könnte, ob Veränderungen im
Prozeß beobachtet werden und wie diese beschaffen sind. Dabei
ist mir bewußt, daß der Sinn sich nur vermittelt offenbaren
kann und nur annähernd aufgefunden wird.
So kann die Technik musiktherapeutischer Arbeitsweise durch-
sichtiger gemacht und die Art der Aufarbeitung des gezeigten
Problems aufgedeckt werden.

<u>Verstehensmodell</u>

Ich gehe davon aus, daß sich in der Darstellung der entstandenen Werke etwas Charakteristisches abbildet. Daher
versuche ich den verstandenen Inhalt, aufgenommen durch das
wichtigste Wahrnehmungsorgan des persönlichen Erlebens - als
Resonanzkörperfunktion bezeichnet - auf einen Nenner zu
bringen, begrifflich zu fassen.

Was stellt sich da ein, was drückt sich am musikalischen
Werk mit seinem Umfeld aus?
Die Ganzheit der Begegnungssituation mit den oben genannten
Dimensionen versuche ich an den Einfällen zu fassen.

Dabei gilt die Erkenntnis von Racker: "Dieses intuitive
Erfassen des anderen leistet das eigene Unbewußte, denn es
kann, wie schon mittelalterliche Weisheit lehrt, nur
'Gleiches das Gleiche erkennen', oder wie wir es heute sagen
würden: Man kann in anderen nur erkennen, was man auch in
sich selbst erkannt hat" (Racker 1978, 26). Die Handlungs-
kompetenz setzt eigene Erfahrungen in einer Lehrtherapie,
also in der Patientenrolle, voraus.

Zur Struktur einer einzelmusiktherapeutischen Sitzung
verweise ich auf die Darstellung in "Musiktherapie - Das
eigene Erleben im freien musikalischen Spiel. Schwerpunkt
klinische Arbeit" (Langenberg 1982, 205).

* Die in diesem Teil der Arbeit verwendeten Therapiedokumente
stammen aus der praktischen Arbeit der Autorin. Der Daten-
schutz für Patienten und Therapeutin ist gewährleistet.

Für unsere Überlegungen sind die assoziativen Improvisationen eines Therapieprozesses besonders geeignet, den Verlaufs- und Veränderungsprozeß zu zeigen. Daher wird in der Behandlung von Frau A. und Frau B. die Themenfolge, die sich als Bearbeitungsschwerpunkt in der Sitzung herausfilterte, aufgelistet. Aus dieser greife ich die für den Untersuchungsbereich wichtigen Sequenzen heraus. Das Thema entsteht meist im anschließenden Gesprächsteil über die Erlebnisse, Gefühle und Einfälle während und nach der Improvisation und bildet den eigentlichen Kern und Bearbeitungsschritt der assoziativen Improvisation einer Sitzung (Eschen 1983, 41).

Da sich das augenblickliche Thema des Patienten in einer Gesamtszene oder Handlungsszene zeigt, möchte ich mit dem Verstehensmodell jeweils einen Fokus zu greifen versuchen, der das Geschehen in Form von Einfällen begleitete, die zur Improvisation führten.

Dem Verstehensmodell zufolge werden bei jeder musikalischen Improvisation drei Schritte in bezug auf die Dimension der Musik und die des Umfeldes vollzogen. Im ersten Schritt wird die Musik spontan beschrieben, wobei eine Gruppe von nicht beteiligten Personen mit dem Produkt konfrontiert ist, ohne über den Behandlungsauftrag des Patienten und seine Problematik informiert zu sein (Spontaneindruck-Beschreibung von Reaktionen). Dabei gehe ich von der Annahme aus, daß sich in der Zuhörergruppe wiedereinstellt, was Patient und Musiktherapeutin im Herstellungsprozeß erlebten, wie sich ihre Beziehung gestaltete, welche Ausdrucksformen gefunden wurden.

Im Rahmen meiner Lehrtätigkeiten ließ ich die Improvisationen in verschiedensten Fort- und Weiterbildungsseminaren von Ärzten, Psychologen, Kollegen therapeutischer Berufe, sowie Schülern und Studenten, beschreiben.
Die Originalprotokolle kann ich nicht mehr zugänglich machen. Es erschien mir sinnvoll, die häufig wiederkehrenden, ähnlich strukturierten Einfälle der Beschreiber zu sammeln, um eine subjektive Auswahl des assoziativen Materials zu bekommen.

Gefordert wurde von den Beschreibern eine Wahrnehmungseinstellung, die bisher "gleichschwebende Aufmerksamkeit" (Freud), "Drittes Ohr" (Reik) oder in diesem Zusammenhang von mir "Resonanzkörperfunktion" genannt wurde.

Die Hörer sollten sich von der Musik berühren lassen, mit den eigenen Gefühlen versuchen, ein lebendiges, mitschwingendes Wahrnehmungsinstrument zu sein. Dabei sollte ein subjektiver Eindruck ernstgenommen werden, das eigene Erleben, die Gefühle und Phantasien beim Hören festgehalten und geäußert werden. So konnte annähernd Seelisches, welches in einem musikalischen Beziehungsprozeß als Produkt hervortritt, von Seelischem, nämlich der Beschreibergruppe wahrgenommen werden.

Im zweiten Schritt des Verstehensmodells versuche ich in Form einer Charakteristik die auffälligsten übereinstimmenden Punkte der Beschreibungen herauszuziehen, um eine Struktur zu finden (Charakteristik).

Der dritte Schritt bedeutet, die gefundene Struktur begrifflich zu fassen und sie dann der Interpretation zugänglich zu machen (Analyse).

Ebenso verfahre ich in drei Schritten (Spontaneindruck, Charakteristik, Analyse) mit dem Umfeld zur Improvisation. Das sind sowohl Gedanken des Patienten als auch der Musiktherapeutin vor, während und nach dem Spiel, wobei meine Gegenübertragungsgefühle als Therapeutin dem Patienten nicht mitgeteilt wurden, sondern mir zur Behandlungstechnik dienten oder in Form einer überlegten verbalen Intervention einflossen.
Diese Umfelddimension beschreibe ich als beteiligte Therapeutin, treffe meine Auswahl und ziehe wieder intuitiv die wichtigsten, sich auch wiederholenden Begriffe in Form einer Charakteristik heraus.

Die Zusammenschau aller Schritte zum gesamten Produkt beschließt dieses Verfahren.

Wenn der Leser im folgenden mit den Beispielen konfrontiert wird, so sollte er zum Verständnis ebenso verfahren, zunächst unberührt von der Problematik der Patienten - die Musik anhören, um die eigenen Einfälle dann mit den beschriebenen vergleichen zu können.

Die drei Patienten, von deren Therapieprozessen Beispiele ausgewählt wurden, befanden sich in einer psychotherapeutischen Tagesklinik, wo sie mit einem integrierten Gesamtbehandlungsplan auf psychoanalytischer Grundlage behandelt wurden. Neben Einzel- und Gruppenpsychotherapie, Beschäftigungs- und Gestaltungstherapie sowie dem Stationsleben bekamen die Patienten nach spezieller Indikation auch Einzelmusiktherapie (Heigl-Evers u.a. 1986).
Die Verläufe in den einzelnen Therapiestunden versucht das Behandlerteam in Besprechungen und Supervisionen zu integrieren, um individuumspezifisch die Behandlung zu planen und zu gestalten.

Mit den Beispielen soll nun zunächst aufgezeigt werden, was sich in der Situation der Musiktherapie einstellte. Dabei stelle ich von Frau A. aus einer Sitzung die assoziative und die Abschlußimprovisation vor, da sie im Prozeß einen wichtigen Wendepunkt bildeten und das Problem der Patientin deutlich machten.
Sodann soll am Beispiel von Frau B. eine Sitzungssequenz gezeigt werden, um einen Veränderungsschritt deutlich zu machen. Am Beispiel von Herrn P. schließlich erfolgt über die

Beschreibung einer Sitzung und Herausarbeitung der Inszenierung seines Problems eine zusammenfassende Erläuterung der gefundenen Wirkkriterien im musiktherapeutischen Prozeß.

Die Themenkataloge der Sitzungen sollen den Ablauf der bearbeiteten Schwerpunkte aufzeigen und die ausgewählten Szenen einordnen. Mir kommt es im Zusammenhang dieser Arbeit nicht darauf an, Therapieprozesse als Ganzes darzustellen, sondern an ausgewählten Beispielen Spezifisches dieser Methode herauszuarbeiten, um Aussagen über eventuelle Wirkkräfte machen zu können. Wie weiter oben beschrieben, begegnet dem Patienten ein Raum mit ausdrucksbreitem Instrumentarium, das Beziehungsangebot der Musiktherapeutin und die Grundregel:

"Wir spielen, was uns einfällt, lassen uns von dem in uns bestimmen, was nach Ausdruck drängt".

So ist die Eingangsimprovisation meist spontan ohne Thema. Dies wird im verbalen Teil gefunden oder gesucht, um wieder in der nächsten, meist "assoziativ" benannten Improvisation, dem Kern der Sitzung, bearbeitet zu werden.

Die "szenische Funktion des Ichs" (Argelander), die durch den situativen Reiz das Problem erspielt, wird im erweiterten Produktbegriff in der musiktherapeutischen Situation als bewegende Kraft untersucht.

1.2   Frau A.
1.21   Musikdimension
1.211 Spontaneindruck - Beschreibung von Reaktionen

BEISPIEL 1 *

Die Resonanz der Musik findet sich in den folgenden Beschreibungen wieder. Sie sind spontaner Ausdruck einer Gruppe von Kollegen, deren persönliche Bemerkungen ich als Assoziationsmaterial sammelte:

"Das Schlagzeug wirkt laut und penetrant, versucht das Klavier unterzuducken. Es ist eine beherrschende Atmosphäre, etwas Schnelles, ein Gebimmel erinnert an Glockengeläut im Süden, ein sehr schnelles, helles Gebimmel, welches Feuer ankündigen könnte oder ein Begräbnis. Das Klavier ist immer wieder da, manchmal warm und Melodien anbietend, das Metallophon trifft sich mit ihm im Rhythmus. Es erstaunt immer wieder, wie schnell - nach einer Phase des Tobens - der schleppende Takt wieder reinkommt. Das ist wie im Anfang, gedehnter schleppender, vielleicht auch enttäuscht, wie ein gedehnter Trott. Da ist dieser Wechsel von dem Gebimmel, dem Aufgeregten, Alarmierenden, und diesem Runterziehen ins Schleppen. Zwei bis drei Mal wird es laut, wird Krach geschlagen, dazwischen sind wenige andere Töne zu hören, immer bis zu dem Totengebimmel, dann nicht mehr. Es ist penetrant. Manchmal scheint es, als sollte eine Melodie gefunden werden. Das glückt aber nicht. Ein Zusammenspiel gelingt nicht, kurz wird ein Klang aufgenommen, angestimmt, aber nicht gefunden. Der Anfang der Improvisation scheint an die Improvisation des Splittings "Vater-Tochter" zu erinnern (vgl. Themenkatalog). Da ist etwas Mystisches, in dem sich die beiden Spielenden immer wieder einfinden, wirkt schlimm, penetrant. Es steigert sich, wird schneller, als ob etwas passieren sollte, ist angespannt, treibt - (Klavier?). Das Ganze ist eine leicht verzögerte, ziehende Bewegung. Es ist erstaunlich, daß die Patientin anscheinend weiß, wenn sie mit dem Schlagzeug aufhört, bleibt das Klavier da, daher ist das "Klimpern" immer da, wohlweißlich, daß ansonsten etwas anderes passieren wird. Das Klavier scheint zum Schluß noch einmal eine Melodie anstimmen zu wollen, zu zeigen, daß da noch etwas ist, doch dieses mißglückt."

"Ich bemerke bei der Auseinandersetzung, daß es mir schwer fällt, dieses angespannte Wollen auszuhalten. Die Musik erscheint mir karg, wenig kreativ, ich habe keine Lust, mich weiter damit auseinanderzusetzen, verstehe, daß es vor allem um Grenzen geht. Da will sich etwas wehren, behaupten. Es bestehen wenige Möglichkeiten, Unbehagen auszudrücken, differenzierter wahrzunehmen und zu gestalten, was das eigene Bedürfnis ist. Zunächst einmal zeigt die Patientin, daß sie

---

* *Die hier wie im folgenden beschriebenen Musikbeispiele können zum Selbstkostenpreis bei der Autorin angefordert werden. Ebenso verfügt die Universität-Gesamthochschule Duisburg, Fachbereich 4, Prof. Dr. N. Linke, über Kopien der Improvisationsmitschnitte.*

da ist, bemerkt werden will, sich nicht weiter einpassen will. Angebote vom Klavier aus scheinen in diesem Spiel in der Weise herausfordernd zu sein, daß sie verführen, die Wünsche des anderen zu erspüren und zu befriedigen. Dies geschieht dann auch, z.B. in den Rhythmuspassagen, es ist jedoch ein unbequemes Miteinander, macht ärgerlich. Ihre verfügbaren Abwehrstrukturen sind bisher im Musikalischen das laute penetrante Krachmachen und das In-sich-Zurückziehen. Es fehlt Differenziertheit und Farbe, die ganze Palette dazwischen."
(Assoziationsmaterial aus Beschreibergruppen)

BEISPIEL 2

Beschreibung der Abschlußimprovisation aus der gleichen Sitzung.
Hierbei stelle ich die Beschreibung zweier verschiedener Gruppen nebeneinander: sie weisen auf unterschiedliche Schwerpunkte des Sinns dieser Musik.

"Die Patientin zupft auf der Gitarre herum, die Therapeutin im Innenraum des Klaviers. Es ist ein Suchen, scheinbar sich wohlfühlen, reinhören in ein Instrument, in den eigenen Körper. Die Therapeutin beginnt mit ihrer Stimme, die Patientin schlägt wieder diesen Marschrhythmus auf der Gitarre an, zerstört damit die aufkommende Nähe. Dennoch breitet sich der Körperklang aus, scheint zu verführen, die Patientin beginnt auch zu singen und nach innen zu fühlen. Es entwickelt sich eine kirchentonale Melodie, die Patientin steigt auf dem Grundton der Therapeutin auf und ab.

Die Stimmen hangeln sich aneinander rauf und runter, schwingen auf und ab, die Stimme der Patientin scheint Sicherheit zu bekommen. Einerseits bekommt sie das durch den Grundschlag, den sie sich selber auf der Gitarre gibt, zum anderen durch die zweite Stimme. Nach den einigen, kirchentonalen Klängen, entstehen auch Reibeklänge, die sich scheinbar in keine Harmonie einfügen wollen. Vor allem die Therapeutin hält diese reibende Töne durch, mit einem langen Atem. Die Patientin versucht diesen zu begegnen. So etwas wie Tropfen, trockene Klänge fallen in diese Töne herein. Die Patientin scheint immer mehr Mut zu kriegen, die Stimmen schwingen sich auf, werden heller und höher und langsam breitet sich durch zartes Zupfen ein weicher Schluß aus. Eine Atmosphäre von Zärtlichkeit und wohligem, gemeinsamem Fühlen bleibt zurück."

Ein weiterer Beschreibungsversuch:
"Das, was dort geschieht, ist schwer zu greifen. Vordergründig ist da dieser melodiöse Eindruck und die Suche nach dem Gleichklang der beiden Frauenstimmen, wobei man oft nicht unterscheiden kann, wer wer ist, ein Druck des Verschmelzens bleibt. Da ist im Vordergrund eine Täuschung. Obwohl es vordergründig schön und harmonisch klingt, wehrt sich etwas zu sagen, es ist schön. Sehr bald fällt dieser Rhythmus der Patientin auf, dieser Tritt, dieses Schlagen, wie gekratzt auf die Gitarre, es ist penetrant. Da ist es wieder, dieses knarrige Kratzen, obwohl vom Klavier melodiöse Töne angeboten werden. Die Patientin nimmt dieses Schlagen kaum zurück, man ist schon daran gewöhnt. Das Schlagen liegt unter dem Harmonischen, unter den Stimmen, die man zunächst hört. Eine Stimme will über die andere hinaus, aber es endet immer wieder im Gleichklang, wie verschmolzen, wie sich nicht mehr trennen können. Am Anfang sind die Töne wie gespannt und angestrengt. Vom Klavier kommen einige Töne, es dauert, bis

es sich niederschlägt, etwas wird angestimmt. Die Patientin kommt, macht das Angebot jedoch zur Harmonie, umschmiegt sich um die Stimme, die angeboten wird wie ein Kätzchen. An einer anderen Stelle ist eine Kraft, nach unten zu gehen, die Tiefe wird jedoch nicht erreicht. Das Räuspern scheint ein Zeichen von Überanstrengung zu sein, die Stimme ist kratzig. Der Eindruck von einem Vordergrund und einem Hintergrund ist deutlich, das Knarrige, der Tretrhythmus und das andere, die Stimmen, die Harmonie. Am Ende ist eine Verzögerung, die Saiten werden gezupft. Oben sind die Stimmen, unten ist das Schlagen. Gegen Ende versucht die Patientin mit der Gitarre dieses zusammenzubringen, zögert im Zupfen, es gelingt jedoch nicht. Hört man die Musik von weitem, so fallen erstmal die Gesänge auf, die warmen Töne und Klänge. Kommt man näher, so spürt man untendrin die Spannung."

"Die Täuschung und die Spannung, der Vordergrund und der Hintergrund sind wichtig. Man hört Frauenstimmen, es sind keine Mädchen. Da ist ein Halleffekt, der später die Phantasie der Basilika von der Patientin verstärkt. Dieser verschluckt Klänge, Unstimmigkeiten werden verschluckt."
(Assoziationsmaterial aus Beschreibergruppen)

1.212 Charakteristik

Die erste vorgestellte Musik, als assoziative Improvisation und Kern der Sitzung aus den Einfällen zur Eingangsimprovisation entstanden, hatte das Thema "Sich fühlen - bemerkt werden - rücksichtslos". Die Patientin selbst gab unserem Spiel diesen Fokus, indem sie verbal zusammenfaßte, was in der Improvisation bearbeitet werden sollte. Die zweite bisher beschriebene Improvisation bildete den Abschluß dieser Sitzung, folgte demnach auf den Gesprächsteil zur vorherigen Musik und hatte ebenfalls von der Patientin ein Thema erhalten: "Körper klingen - Stimmen".

In Anwendung des Verstehensmodells wird nun versucht, aus den Beschreibungen auffallende Begriffe herauszuziehen und sie auf einen Nenner zu bringen, zu systematisieren.

Ich finde in der Improvisation "Sich fühlen - bemerkt werden- rücksichtslos" als Ordnung zwei Kategorien:

(Beispiel 1)

Aktives

penetrant
beherrschend
unterducken
schnelles Gebimmel
Feuer/Begräbnis ankündigen   Wechsel

Aufgeregtes
Alarmierendes
Totengebimmel
                                      Zusammenspiel
                                      gelingt nicht
Marschrhythmus
soll passieren
angespannt, treiben
immer da   mißlingen

angespanntes Wollen

                                 verführen, erspüren
wehren   befriedigen
behaupten   ärgerlich

              PENETRANTER KRACH
    ABWEHR   RÜCKZUG NACH INNEN

Passives

schleppender Takt
enttäuscht
gedehnter Trott

runterziehen, ins Schleppen

leicht verzögerte, ziehende Bewegung

aushalten
keine Lust
karg

Abschlußimprovisation: "Körper klingen - Stimmen"

(Beispiel 2)

Vordergrund		Hintergrund
melodiös		
Suche nach Gleichklang		
Frauenstimmen		
nicht unterscheiden	schwer zu greifen	
verschmelzen		penetrant
Täuschung		Tritt, Schlagen
sich nicht mehr trennen können		drunter
	etwas stimmt nicht	
Angebot zur Harmonie machen		Kraft nach unten zu gehen
umschmiegen		Tiefe nicht erreichen
Kätzchen	Überanstrengung	
Stimme - Harmonie		knarrig, Tretrhythmus
	Verzögerung	
von weitem:		näher:
Gesänge, warme Klänge		Spannung
TÄUSCHUNG		SPANNUNG
	Unstimmigkeiten	
	verschluckt in Basilika	

1.213 Analyse der Improvisation

Was stellt sich ein, was zeigt sich in dieser Improvisation und entwickelt seine eigene Form?
Deutlich sind zwei entgegengesetzte Kräfte zu spüren: Etwas Aktives, Vorantreibendes und etwas Passives, Sich-Fügendes, Lähmendes.
Die penetrante, beherrschende Tendenz scheint etwas provozieren zu wollen, kündigt ein Ereignis an. Die Extreme von Feuer und Begräbnis fallen ein, also etwas Zerstörendes. Diese penetrante unterduckende Kraft scheint Lebendiges in seiner Entwicklung unmöglich zu machen. In den musikalischen Formen ist der Marschrhythmus, der auch Tretendes und Schlagendes hat, das dominierendste und einpeitschendste Mittel, stets gegenwärtig.
Ein angespanntes Wollen drängt vorwärts, wirkt in seinem Ausdruck jedoch karg und langweilig.

Neben der Aggression erweckt diese Kraft auch den Eindruck von Sich-Wehren und dem Behaupten einer Schutzmauer, hinter der sich das Eigentliche verbergen muß. Die andere Kraft zieht immer wieder in einen schleppenden Takt. Enttäuschung macht sich breit, die Form dehnt sich, zieht runter und scheint gar kein Ziel zu haben. Man bekommt den Eindruck, daß etwas ausgehalten werden muß, was jede Lust wegnimmt.
   Zwischen diesen beiden Tendenzen findet ein ständiger Wechsel statt, Versuche eines Zusammenspiels oder einer wirklichen Konfrontation dieser beiden Kräfte gelingen nicht. Etwas Weiches, Melodiöses, Verführerisches ist noch da, das jeweils die neueste Tendenz erspüren kann und versucht, diese zu befriedigen. Danach bleibt ein ärgerliches Gefühl.

Aus dieser Musik heraus erkenne ich die Abwehrstruktur der Patientin an zwei Merkmalen: An dem penetranten Krach machen, einem Sich-Wehren und an dem Rückzug nach innen zu einer eher depressiven Haltung.
Auch in der Abschlußimprovisation läßt das musikalische Produkt zwei Ebenen erkennen: den Vordergrund und den Hintergrund.

Das Ganze ist schwer zu greifen, da die Ebenen ständig gleichzeitig im Element Musik vorhanden sind und sich schwer identifizierbar zu erkennen geben.

Im Vordergrund steht etwas Melodiöses, die weichen Frauenstimmen auf der Suche nach Gleichklang. Diese sind nicht zu unterscheiden, verschmelzen miteinander, können sich nicht mehr trennen und täuschen etwas vor.

Darunter liegt das Penetrante, das Schlagen und Treten. Die gesamte Atmosphäre vermittelt, daß da etwas nicht stimmt. Jedes Angebot wird vordergründig angenommen und zur Harmonie gemacht. Jede Tendenz und Richtung scheint erspürt und vordergründig erfüllt werden zu können. Das Bild eines Kätzchens, das sich anschmiegen kann, entsteht.

Im Hintergrund oder darunter wirkt eine andere Kraft, die nach unten zieht, der es jedoch nie gelingt, die Tiefe zu erreichen. Diese beiden Tendenzen des Sich-Anschmiegens, Einfügens, Täuschens und des Tretens, Schlagens, Wehrens oder nach Unten-Ziehens hinterlassen ein Gefühl der Überanstrengung. Die Kraft scheint nachzulassen, es entsteht eine Verzögerung. Ein anderer Eindruck vermittelt nochmal die beiden unvereinbaren Ebenen: Von weitem erscheint einem die Musik mit warmen Klängen und den Gesängen sehr harmonisch; kommt man näher, so spürt man eine unerklärliche Spannung.

Es bleibt also der Eindruck einer Täuschung und gleichzeitig einer darunterliegenden Spannung, die selbstverständlich offen zutage träte, wenn die beiden sich wirklich begegnen und aneinander reiben würden.

Unstimmigkeiten, die eindeutig darunter sind, werden in den Klängen verschluckt, was sich im Bild der Basilika und der Art der kirchentonalen Musik der Frauenstimmen ausdrückt.

1.22 Umfelddimension
1.221 Spontaneindruck - Beschreibung von Reaktionen

Einfälle vor der Improvisation: "Sich fühlen - bemerkt werden - rücksichtslos"
(Auswahl von Sitzungsprotokollen der Therapeutin)

Die Patientin kommt heute farbig angezogen, in einem gewebten, griechischen Kleid. Schon die Eingangsimprovisation ist ein sehr lebendiges Spiel mit voller Schlagzeugausnutzung; ich denke: die legt ordentlich los! Sie benutzt Becken und Trommeln, es entstehen viele Steigerungen, Lautstärke, es macht Spaß, die Lust am Klang und das Grenzen ausprobieren. Meine Hände werden heiß, es ist anstrengend. Aus den Höhepunkten erwachsen kleine gemeinsame Formen. Das wirkt aber auch frech: so als wäre nichts gewesen. Die Patientin phantasiert nach diesem Spiel, ob uns einer hört?

Sie scheint Lust daran zu haben, daß man sie heute bemerkt; sie strahlt, hat Spaß am Krach, sofort kommen die Einfälle ihrer Wut, die sie heute Nacht auf ihren Mann gehabt habe. Er habe sie geweckt, damit sie wegen der Katze aufstehe; sie sei aus tiefem Schlaf geweckt worden, was ihr Übelkeit verursacht habe. Sie fühlt sich gleich wieder in die Bedürfnisse ihres Mannes ein, der am nächsten Tag aufstehen und arbeiten muß, aber die Lust, ihre eigenen Wünsche durchzusetzen, ist heute sehr groß. Als sie die Szene mit ihrem Mann erzählt, sie habe Lust und Wut gekriegt, richtig zu toben, entsteht in mir ein Bild von sich kabbelnden Kindern, sie weckt ihn extra, nachdem er sie gestört hat. Aber ich habe die Phantasie, daß sie, ebenso wie die Katze, Lust gehabt hat, mit ihrem Mann Kontakt aufzunehmen. Sie möchte sich einmal durchsetzen.

Einfälle nach der Improvisation: "Sich fühlen - bemerkt werden - rücksichtslos" (Auswahl von Sitzungsprotokollen der Therapeutin)

Nach dem Spiel ist die Patientin wieder voller Wonne und sagt, das sei wohl das erste Mal in ihrem Leben gewesen, daß sie grenzenlos Krach gemacht habe, ohne zu stören. Die Mutter habe ihr das früher nie erlaubt. Das sei jetzt höchster Genuß gewesen. Sonst habe sie immer Rücksicht nehmen müssen. Sie scheint mit Wonne die Klänge gefühlt und sich bewegt zu haben, in Schwingung geraten zu sein und in Schwingung gebracht zu haben. Früher habe ihr Krach eher Angst gemacht, sie habe z.B. nicht an Baumaschinen vorbeigehen können. Auch in der Musiktherapie habe sie anfangs die eigenen Töne und die Töne am Klavier als zu laut und störend empfunden. Ich sage ihr, daß etwas von ihr zu mir herübergekommen sei und mich zum Singen gebracht habe. Da mir ein Becken und das Schlagzeug fehlte, habe ich Töne aus mir herausgebracht, weil

*es mir sonst zu laut wurde. Diese musikalische Form der
Abgrenzung gegen eine äußere starke Kraft zeige ich ihr.
   Sie bekommt zunächst wieder Schuldgefühle, weil sie meint,
mich gestört zu haben. Dies kann sie jedoch äußern.
Ich zeige ihr, daß ich in der Lage bin, mich dagegen
abzugrenzen. Ihr kommen Einfälle zum Singen, das mache ihr
Lust, es fühle sich an wie ein Auslüften, als ob alter Mief
aus einem Haus herauskomme.
Die Abschlußimprovisation besteht aus unseren beiden Stimmen.
Wir versuchen unsere Körper klingen zu lassen, wie zwei
Mädchen, die choral, kirchentonal "Halleluja" singen. Die
Patientin hat die Phantasie von Südfrankreich, von einem
Mädchenchor in einer Basilika, in großen Hallen und vom Spaß.
Als sie geht, bemerkt sie, es sei aber eine große Hitze hier
im Raum. (Sonst hatte sie immer gefroren und kalte Hände
gehabt).*

1.222 Charakteristik

vor	nach
farbig	voller <u>Wonne</u>
<u>lebendig</u>	grenzenlos Krach mach
Schlagzeugausnutzung	ohne zu stören
loslegen	Mutter verbietend
Steigerungen	höchster <u>Genuß</u>
Lautstärke	Rücksicht nehmen
<u>Spaß</u>	Wonne
<u>Lust</u> am Klang	fühlen
Grenzen ausprobieren	sich bewegen
<u>heiß</u> - anstrengend	Schwingung
klein gemeinsam	Krach
Formen herauswachsen	Angst
frech	laut störend
<u>Lust</u>	herüberkommen
bemerken	zum Singen bringen
strahlen	Form der Abgrenzung
<u>Spaß</u> am Krach	äußere starke Kraft
Wut	Schuldgefühle
heute nacht	abgrenzen
Mann	<u>Lust</u>
wecken	auslüften
Katze	alter Mief
aus tiefem Schlaf geweckt	<u>Körper klingen</u>
Übelkeit	kirchentonal
<u>fühlen</u>, einfühlen	Halleluja
eigene Wünsche durchsetzen	Mädchenchor
<u>Lust</u>	Basilika
Wut	Halle
toben	große <u>Hitze</u>
kabbelnde Kinder	Süden
wecken	
stören	
pubertär	
Kontakt	
sich durchsetzen	

<u>Sinnlichkeit setzt sich durch</u>

1.223 Analyse des Umfeldes

Beim Anschauen der Einfälle fällt auf, daß sich die Sinnlichkeit immer mehr durchsetzt.
Es geht um Lebendig-Werden, Spaß und Lust haben, Sich-Fühlen, nicht mehr nur Sich-Einfühlen in den anderen.
Der Körper wird gespürt in seinen Grenzen, er wird heiß. Die Gefühle haben vor der Improvisation eine Spannbreite zwischen Übelkeit und Wonne. Auf jeden Fall geht es um Berührungen, um Kontakt nach verschiedenen Seiten hin, dem Anfassen von Grenzen.

Gefühle brechen zum Teil archaisch stark hervor, die Patientin scheint zu erleben, wie "aus tiefem Schlaf geweckt zu werden". Nach der Improvisation sind die Einfälle noch stärker von Wonne und Genuß geprägt. Es schwingt, geht von einem zum anderen über, bringt etwas in Bewegung.
Die Phantasien haben eine Breite von der Erinnerung an die verbietende triebfeindliche Mutter bis zu Vorstellungen vom Süden, großer Hitze, sinnlichen Genüssen, körperlichem Klingen, Auslüften, Öffnen. Das setzt auf der einen Seite wieder Schuldgefühle frei und nötigt dazu, Abgrenzung gegen äußere starke Kräfte zu finden.

1.23 Zusammenfassende Interpretation des ganzen Produktes

Bis zur 10. Sitzung schien sich alles auf eine Begegnung vorzubereiten. Die Patientin ließ sich vorsichtig und scheu auf die angebotene Beziehung ein, auch mit schroffen Rückzügen, um zusammen in unbekannte Gefühlsbereiche zu gehen, zu erforschen, zu entdecken. In der 9. Sitzung ist so etwas wie eine Vorankündigung - das Haus -.

Mit dem Verstehensmodell habe ich versucht, exemplarisch die Produkte der 10. Sitzung aus der musiktherapeutischen Behandlung von Frau A. zu beschreiben. Dabei entstand charakterisierend eine Aussage über das Werk, welches zusammenfassend betrachtet werden soll.

Inszenierung: 1. angespanntes Wollen / Abwehrstruktur
                  - penetranter Krach (Ekel)
                  - Rückzug nach innen

               2. zum Körper hin
                  - Sinnlichkeit setzt sich durch
                  - etwas ist zum Schwingen gebracht worden

Ich möchte versuchen zusammenzubringen, was sich am Beispiel von Frau A. "Sich fühlen - bemerkt werden - rücksichtslos" einstellen konnte.
Die Grundsetzung des therapeutischen Mediums wird von Frau A. in dieser 10. Sitzung in folgender Weise genutzt:
   In unserem gemeinsamen Produkt entstanden einerseits begegnungsfähige und andererseits unlebendige Teile.

In der Charakteristik tauchen Kräfte auf, benannt wie Aktives - Passives, Vordergrund - Hintergrund, Sinnlichkeit-Fühlen al verbindender Ist-Zustand.
Das Verbindende geschieht über die Berührung mit klingendem Material (Instrumenten, schwingenden und somit auslösenden Leitungen nach innen) und der Herausforderung durch die mitspielende Partnerin.

Frau A. läßt aber auch eine Kraft erkennen, die passiv lähmend jede Eigenbewegung zunichte macht, verschleppt, verzögert, die sehr stark ist und Wachsendes im Ansatz ersticken oder für seine Täuschungszwecke umfunktionieren kann.

Was hat sich eingestellt bei Frau A.? Sie begegnet, ist sogar vordergründig darauf aus. Doch sie scheint gelernt zu haben, die Wünsche anderer Menschen zu erspüren und es denen

möglichst recht zu machen. Das läßt auf eine frühe Besetzung
des Kindes durch ein erstes Objekt - die Mutter - schließen,
was auch ihre Unfähigkeit erklärt, eigene Bedürfnisse
wahrzunehmen, geschweige denn zu befriedigen (vgl. Miller
1980).

Doch in dieser musiktherapeutischen Szene kommt sie aus sich
heraus. Das Miteinander - eine Form der Begegnung - findet
also statt; aber es ist ein unbequemes Gefühl, täuscht Einigkeit vor und läßt Spannung zurück.
Um sich selbst - dem eigenen Fühlen / auch dem Körper - näher
zu kommen, muß die Triebkraft des Wehrens, der Reibung am
anderen genutzt werden.
Frau A. probiert Sinnesreize aus, kennt zunächst - nach der
ersten Objektbeziehungsform des reibungslosen, verschmel-
zenden Eins-Sein - nur Extreme, die zwei wichtige Funktionen
haben:

Einmal die lebensnotwendige Funktion der Abwehr - das
penetrante Krach machen (zum ersten Mal im Leben), richtig
Dran-gehen (aggredi) und den Rückzug nach innen, der alle
Gefühle abtötet, und die Patientin völlig von den lebens-
wichtigen Außenreizen isoliert.
Zum anderen haben diese Extreme, noch unausdifferenziert, die
Funktion, Neues zu entdecken und möglichst starke Bewegungen
auszulösen. Fühlen muß erst gelernt werden, auch Feuer
riskieren, überhaupt jetzt mal riskieren. Die Patientin
versucht, nach innen zu gehen, sich zu fühlen, den Körper
auszulüften; singen, klingen, entdecken, was da alles an
Eigenem erfaßbar ist. So wird - wie beim Kind - erst mal
Verbotenes, Unbekanntes interessant.

Der Sinn dieser musiktherapeutischen Szene mit ihrer
musikalischen und nicht-musikalischen Dimension scheint zu
sein: Sich-Trauen, auf Begegnung-einlassen, auch wenn
gelernte Einigkeitsmuster zerstört werden; Unsicherheit
entsteht und das Wagnis, einer Triebkraft von innen nach
außen nachzugeben, die an Grenzen stoßen will, um die
Individualität zu erspüren.

In der assoziativen Improvisation scheint mir das Singen
neben der Funktion des nahen Körperfühlens auch alte Angst zu
enthalten, daß solches Wagnis - nämlich: sich mal nicht
einzupassen - bestraft werden könnte. Das Verschmelzen mit
dem Mutterobjekt, dessen Wünsche befriedigen, harmonisch sein
müssen, ist enthalten. (Ausbruch und Rückversicherung: magst
Du mich trotzdem, darf ich weiter?)
Die musiktherapeutische Situation hat Frau A. aus "tiefem
Schlaf geweckt", gereizt und mutig gemacht.

Abschließend folgt die Themenliste zur Einzelmusiktherapie.
Die Patientin hatte einmal wöchentlich im Rahmen des teil-
stationären Settings einer Psychotherapeutischen Tagesklinik
Musiktherapie.

Sitzung	*Assoziative Improvisation*
1	Ich suche meinen Klang
2	Ungeschickt - Ich bin neugierig auf die Gitarre
	Zusammen - Allein
3	Mein Klangraum heute
4	Soloimprovisation - Zurückziehen
5	Soloklavier
	Psalter - Flöte - höfische Musik des Mittelalters
6	Karawane im Sandsturm
7	Vater/Tochter (Splitting)
8	Unbehagen
9	Das Haus

Tonbandbeispiele 1 und 2:

10	-> Sich fühlen - bemerkt werden - rücksichtslos
	-> Körper klingen, Stimmen
11	Mischungen - Reibungen - Farbe - Vielfalt
	Pausenlust - Zurückziehen
12	Für sich sein
	Im kargen Hochland
13	Festhalten - Was bleibt?
14	Unsere Beziehung
15	Neugierig
	Abschlußimprovisation

- Pause wegen Urlaub der Musiktherapeutin -

16	Sichtbar werden
17	Entspannung suchen - Zurückziehen
18	Hören: Karawane im Sandsturm
	Karawane
19	Ich wünsche mir Offenheit - ich brauche eine Schutzmauer (Splitting)
20	Platzwechsel
21	Das neue Gefühl
	Spiel ohne Namen: Familie auf der Bühne, Rollen, wer ist die Mutter?
22	In den Nebel gehen
	Zur Frau werden wofür?
23	Das Weiche, Warme
24	(die Patientin sagt die Sitzung ab)

Ambulante Musiktherapie

25	Ein bißchen spielen - Loswerden
26	Gefühle der Trennung
	Gitarre, das ist vertraut
	(die Patientin sagt die Sitzung ab)
	Ende der Therapie
28	Flöte, Symbol für Einsamkeit, sich absondern und Suchen nach Trost - Beweglichkeit

1.3   Frau B.
1.31   Musikdimension 6. Sitzung
1.311   Spontaneindruck - Beschreibung von Reaktionen

BEISPIEL 3

Die Resonanz der Musik findet sich wieder in den folgenden
Beschreibungen. Sie sind spontaner Ausdruck einer Gruppe von
Kollegen, deren persönliche Bemerkungen ich als Assoziations-
material sammelte:

"Die Patientin entwickelt sofort, fast übereilt, zwei Motive:
einmal auf dem Baßxylophon, wo sie extrem schnell hin- und
herwirbelt, die Leiter rauf und runter ratscht, andererseits
mit dem Besen auf der Trommel. Zur gleichen Zeit beginnt die
Therapeutin im anderen Extrem, hoch auf dem Klavier mit
abfallenden Motiven. Sehr schnell ist nichts mehr zu hören
vor lauter Toben, das Gerät ist übersteuert, man hört nichts
mehr außer einem grenzenlosen Toben.
Erstaunlicherweise entwickelt sich aus dem Toben plötzlich
Klang und Musik. Es entsteht ein ruhiger Grundschlag, indem
die Patientin auf der Triangel spielt, sehr langsam, immer da
und wie geführt. Vom Klavier her ist ein tiefes Angebot, ein
immer wiederkehrendes, Vertrauen gebendes Motiv zu hören. Es
ist eine Atmosphäre großer Ruhe und von Vertrauen. Es findet
Begegnung statt, ein Überlassen, was jedoch nur kurz und
anscheinend mißtrauisch aufrechterhalten werden kann. Da
entwickelt die Patientin auf dem Metallophon ein Spiel,
während die Therapeutin auf dem Klavier mit ihrem Angebot
hält und wartet. Plötzlich bricht das Toben wieder ein: es
wird etwas weggeschlagen, die Aufnahme ist übersteuert. Das
Klavier versucht den Grund zu halten, und von oben her mit
Blitzen und scharfen Klängen das Wehrgefühl mitzuerleben.
Nach dieser Phase des Tobens kommt erneut eine Phase der Ruhe
und des Zuhörens. Die Patientin scheint diese Ruhe zunächst
annehmen zu können, während das Klavier den Grund hält. Aber
nach kurzer Zeit beginnt das Toben von neuem.
Diesmal ist es extrem lang und mir wird klar, daß der Nebel
grenzenlose Wut (festgehalten) sein muß. Das Wutmotiv scheint
mir jetzt eine entwickelte Form zu bekommen, im Wechsel
spielt die Patientin mit der einen Hand das Baßxylophon und
die Trommelschläge.

Alles scheint totgeschlagen zu werden. Das Klavier ist da,
doch kaum zu hören. Der Schluß ist nur noch das tobende
Wegschlagen, und mit einem Peng wird das gesamte Spiel
beendet. Die kurze Ruhe- und Begegnungsphase scheint wie
weggeschlagen. Ich denke, daß sie sich in ein Wutgefühl
hereingeschlagen hat, wovon ich noch nicht weiß, ob sie diese
Begegnungsmomente der Ruhe nicht ertragen konnte oder aber
das Gefühl des Sich-Wehrens ausprobieren möchte."
(Assoziationsmaterial aus Beschreibergruppen).

1.312 Charakteristik

ELEMENT 1		ELEMENT 2
übereilt	zwei Motive	
extrem schnell		
wirbeln		
ratschen		
hoch		
abfallende Motive		
nicht mehr aufhören		
vor lauter Toben		
übersteuert		
grenzenloses Toben	entwickelt	Klang, Musik
		ruhiger Grundschlag
		sehr langsam, wie geführt
		tiefes Angebot
		immer wiederkehrendes Vertrauen gebendes Motiv
	Begegnung	große Ruhe
		Vertrauen
		überlassen
	mißtrauisch	
Einbrechen des Tobens		Angebot hält, wartet
wegschlagen		
übersteuern		Grund halten
Blitze		
scharfe Klänge	Wehrgefühl	
Phase des Tobens	miterleben	
		Phase der Ruhe des Zuhörens
		annehmen
		Grund hält
Nebel = grenzenlose Wut	Wutmotiv entwickeltere Form	
festgehalten		
totschlagen		
wegschlagen		
		kurze Ruhe - und Bewegungsphase scheint wie weggeschlagen
		in ein Wutgefühl reingeschlagen
		Begegnungsmomente der Ruhe
wehren ausprobieren?		nicht ertragen?

1.313 Analyse der Improvisation

Es scheinen sich in dieser Musik zwei Elemente herauszubilden.
Die Patientin läßt sie am Anfang schon anklingen als zwei Motive, vertreten durch ihre beiden Hände auf dem Baßxylophon und der Trommel.
Das erste Element ist extrem schnell, wirbelt und ratscht übereilt daher und entwickelt sich immer mehr zu einem grenzenlosen Toben. Die Gefühle scheinen teilweise übersteuert zu sein. Das zweite Element, in das überraschend gemündet wird, ist eher vom Klang und Ton bestimmt, einem ruhigen Grundschlag, sehr langsam und wirkt wie geführt. Es erscheint immer wieder und gibt Vertrauen und große Ruhe, ermöglicht Begegnung und Treffen. Doch ein mißtrauisches Gefühl bleibt. Tatsächlich wird sehr schnell wieder dieser Ruhepol verlassen und das Toben bricht wieder ein. Alles, was gewesen ist, scheint weggeschlagen zu werden. Es blitzt und klingt scharf.
Diese Phase des Tobens ist noch stärker als die erste, und das Gefühl des Wehrens kann sehr stark erlebt werden. Wieder folgt eine Phase der Ruhe und des Zuhörens, etwas scheint angenommen zu werden, der Grund hält sich. Und wieder stürzt die Musik in eine Phase des Tobens. Das Vorhergehende wird tot und weggeschlagen. Das Wutmotiv scheint jetzt eine entwickeltere Form zu haben. Die Nebelphantasien enthalten grenzenlose Wut. Etwas wird festgehalten.

Die Musik endet in dieser letzten starken Tobephase. Die kurzen Ruhe- und Begegnungsphasen scheinen nicht lange ertragen werden zu können, die Musik mündet immer wieder in diesem starken Wutgefühl. Dieses dominiert. Die Ruhemomente machen mißtrauisch. Eine andere Idee ist, daß ausprobiert wird, ob die Partnerin diese Seite des Tobens und grenzenlosen Wütens und Wehrens gegen eine Verführung zur Fremdbestimmung ertragen kann. Eigene und fremde Grenzen scheinen ausprobiert zu werden.

1.32 Umfelddimension 6. Sitzung
1.321 Spontaneindruck - Beschreibung von Reaktionen

Einfälle vor der Improvisation "Die Lampe im Nebel" von Frau B. (6. Sitzung)
(Auswahl von Sitzungsprotokollen der Therapeutin)

Schon zu Beginn der Stunde sagt die Patientin, es ginge ihr "beschissen". Das Eingangsspiel wird stark und wütend, sie tobt und wechselt mit starren unbeweglichen Baßfiguren, die penetrant wirken mit drei bis vier Schlägen, Trommelwirbeln. Beim Klavierspiel tut mir bald die rechte Hand weh von schrillen und schnellen großen Sprüngen.
Lange Zeit wird dies durchgehalten, dann ist endlich Schluß. Es ist ein anstrengendes Gefühl, weil nichts herausplatzt und nichts zu Ende kommt. Wieder wird abrupt abgebrochen. Im anschließenden Gespräch sagt sie, daß indirekt ihr Einzeltherapeut mit dieser Wut gemeint gewesen sei, "der sie tief hereingerissen habe." Nach langer Zeit habe sie mal wieder einen schlimmen Schwindelanfall gehabt. Er habe sie - im Moment als Vertreter für den Stationsarzt - auf ihr angepaßtes Verhalten angesprochen.
Dies sei sehr belehrend gewesen, ohne es konkret zu machen. Das mache sie hilflos (Schwindel).
Dann habe sie in der Gruppe und in der Stationsversammlung ihre Gefühle angesprochen, sich für etwas engagiert und durchgesetzt. Sie habe bei einer anderen Patientin verstanden, daß hinter deren Verhalten etwas anderes gewesen sei. Belehrende, gängelnde Menschen, z.B. die Sportlehrerin, könne sie nicht ertragen. Nach so einem Versuch von Sich-Durchsetzen verliere sie jedoch den Boden, kriege danach große Angst, ob dies überhaupt sein dürfe.

Ich spreche den für sie im Moment noch notwendigen Schutz an, und wir finden das Thema für das nächste Spiel: Eine Lampe in den Nebelgefühlen möchte sie sich als Hilfe und Sicherheitsfaktor vorstellen.

Gedanken nach der Improvisation "Lampe im Nebel" von Frau B.
(6. Sitzung)
(Auswahl von Sitzungsprotokollen der Therapeutin)

Die Patientin ist erstaunt, daß sie auf die Lampe gekommen sei, denn zum Schluß sei der Nebel, das ist sicherlich der Schwindel, dichter gewesen.
Sie habe jedoch das Gefühl, etwas an die Hand bekommen zu wollen. Ich verstärke meinen Eindruck, daß sie die Hand aber nehmen und loslassen wolle, wenn sie es brauche. Die Patientin bleibt erstaunt und nachdenklich nach dem Spiel.
   Es wird deutlich, daß sie große Wut bekommt, wenn sie gegängelt oder belehrt wird, ohne zu verstehen, was sie eigentlich falsch macht und was sie eigentlich als Wunsch ausdrücken möchte.

1.322 Charakteristik

<u>Bewegung</u> - Nichtbewegung

"beschissen"
stark
wütend
<u>toben</u>
starr unbeweglich
<u>penetrant</u>
<u>Schläge</u>
tut weh
schrill
<u>schnelle große Sprünge durchhalten</u>
endlich Schluß
anstrengendes Gefühl
nichts platzt raus
nichts kommt zu Ende
abrupt abgebrochen
Wut
<u>tief hereingerissen</u>
schlimmer Schwindelanfall
angepaßtes Verhalten
belehrend
es nicht konkret machen
hilflos Schwindel
<u>Gefühle ansprechen</u>
<u>sich für etwas engagieren</u>
<u>durchsetzen</u>
hinter dem Verhalten
belehrend gängelnd
nicht ertragen
<u>Versuch sich durchzusetzen</u>
<u>Boden verlieren</u>
große Angst
Schutz
Sicherheitsfaktor
Hilfe
Lampe
Nebelgefühl

1.323 Analyse des Umfeldes

*In den Einfällen zu dieser Musik scheint es mir zu gehen um
Bewegung und Nichtbewegung, d.h. festgehalten werden, nicht
weiterkommen.
Die Bewegung hat zwei Richtungen, einmal ein wütendes Toben,
ein penetrantes Schlagen und Sich-Wehren gegen Fremdbestimmung. Auf der anderen Seite ist so etwas wie
Durchhalten-Müssen, Festgehalten-Werden und auch Tief-
hereingerissen-Werden von jemandem, der etwas anspricht.*

*Zwischen den Extremen findet ein Hin- und Herspringen statt.
Anstrengung macht dieses Festhalten-Müssen und nicht
Herausplatzen-Dürfen, nichts zu Ende führen zu können.
    Das äußert sich immer wieder in den abrupten, gebrochenen
Schlüssen. Schlimme Schwindelanfälle erfolgen nach Versuchen
von Konfrontation.
Vor allem Fremdbestimmung in Form von Belehren und Gängeln
empfindet die Patientin als unerträglich. In den Versuchen,
Sich-Durchzusetzen und Dagegenanzugehen, was große Angst
macht, wird Schutz und Hilfe gefordert, um in den Nebel-
gefühlen klarere Konturen erkennen zu können.*

1.33   Musikdimension 13. Sitzung
1.331 Spontaneindruck - Beschreibung von Reaktionen

BEISPIEL 4

Die Resonanz der Musik findet sich wieder in den folgenden
Beschreibungen. Sie sind spontaner Ausdruck einer Gruppe von
Kollegen, deren persönliche Bemerkungen ich als
Assoziationsmaterial sammelte:

"Die Patientin beginnt zart, zögernd und kindlich auf dem
Metallophon zu spielen. Es entsteht eine Atmosphäre von
Bravheit und Angepaßtheit, wohinter Wut vermutet werden kann.
Das Klavier beginnt ebenfalls zart und trifft sehr schnell
die Töne des Kindes. Dann entstehen sehr früh Dissonanzen, es
wird eine atonale Musik. Lustlosigkeit, Warten breitet sich
aus. Auf der einen Seite ist da ein Locken und Verführen, auf
der anderen Seite eine Zurücknahme nach innen, eine Art
Hilflosigkeit. Was will das Kind?
Es kann es nicht zeigen. Die Patientin beginnt dann mit einer
Art Glockengeläut, es entsteht ein ruhiger Puls, ein Dreier-
rhythmus. Es entsteht Stille, Warten, Aufeinanderhören, Hin-
hören. Dann hört man ein Rumoren und Suchen: die Patientin
holt sich die Bongos und beginnt darauf experimentierend und
stolpernd zu spielen. Über eine lange Zeit probiert sie nun
dieses Instrument aus (mir fällt eine Situation aus meiner
Lehrtherapie ein, wo es darum ging, mit wilder Aggression
umzugehen, Hilflosigkeit und Wut solchen Gefühlen gegenüber).
Was will sie, sie will auf jeden Fall nicht gegriffen werden.
Es ist schwer, sie zu begleiten oder etwas mit ihr zusammen
zu machen. Sie scheint sich da auszuprobieren. Das Klavier
versucht dabei zu bleiben, hat dieses Zeithafte, Treibende,
Weiter-Müssen. In der Tiefe gibt es dann eine Art Treffen,
vor allen Dingen in diesem Geklopfe, diesem Treibenden. Die
Therapeutin macht den Versuch, mit einem "middle-eastern"
Muster zu begleiten, gibt es jedoch schnell wieder auf. Es
ist anstrengend, das Kind in Ruhe zu lassen, das Kind suchen
und probieren zu lassen. Es klingt gequält, was sie dort
versucht, eine wirkliche Befreiung findet erstmal nicht
statt. Dann wird das Spiel breiter, ideenreicher, auch
geheimnisvoll. Sie scheint etwas zu erleben, was neugierig
macht, was sie jedoch nicht mitteilen möchte. Das Klavier
findet sich dann selbst, einmal in einem hohen Teil wie
Wassergeklimper und in einem tiefen Grund. Diese entstandene
Form, die sich dann zu einer Kinderliedatmosphäre ausbreitet
(schwarzer Mann), scheint die Patientin dazu zu verführen,
noch näher an das Instrument heranzugehen, mit den Fingerspitzen zu klopfen, zu kratzen.
Sinnlichkeit und Wärme entstehen, dann auch Kraft, so etwas
wie die Ausnutzung von Potenz. Die Kinderliedatmosphäre

scheint das Ganze zu "veräppeln". Wenn etwas Gemeinsames
gefunden ist, fängt die Patientin oft an zu toben, wegzu-
laufen, sich zu wehren, nicht greifbar zu sein. Dann entdeckt
sie neue Möglichkeiten mit den Stöcken und den Fingerspitzen.
Sie spielt sehr kreativ auf den Bongos und kriegt auch Spaß
am Toben. An einer Stelle finden wir eine gemeinsame Form,
können zusammen im Rhythmus laufen und Kinderliedmotive
begleiten. Das löst sich jedoch gleich wieder auf, man weiß
nicht, ob sie begleitet werden will oder nicht. Oft erscheint
sie wie ein trotziges Kind. Der Schluß scheint plötzlich da
zu sein, macht ratlos, die Therapeutin spielt am Klavier
einige Fragetöne, erweitertes a-moll, auseinandergezogen. Die
Patientin schweigt, kommt dann noch einmal mit ihren Bongos,
täuscht wieder einen Schluß vor, die Therapeutin fragt mit
ihren Tönen immer wieder. Es ist eine Zartheit in diesem
Schluß. Die Patientin gibt auf, die Therapeutin stellt einen
Schwebeakkord in diesen offenen Schluß."
(Assoziationsmaterial aus Beschreibergruppen)

1.332 Charakteristik

<u>re-gredi</u>		<u>ag-gredi</u>
zart, zögernd		
kindlich		
Bravheit, Angepaßtheit		
		Wut
		Dissonanzen
	atonale Musik	
	Lustlosigkeit	
	Warten	Locken, Verführ.
Zurücknahme nach innen		
Hilflosigkeit		
	ruhiger Puls	
	Stille, Warten	
	aufeinander hören	
	hinhören	
		Rumoren, Suchen
	experimentierend	
	stolpernd	
		wilde Aggressi.
		Hilflosigkeit,
	nicht gegriffen werden	
	zeithaft	treibend, weite müssend
Kind in Ruhe lassen		
	gequält	
	Befreiung	
	breiter, ideenreicher	
	geheimnisvoll	
	sich selbst finden	
	Wassergeklimper-tiefer Grund	
Kinderliedatmosphäre		
schwarzer Mann		
		klopfen, kratz.
	Sinnlichkeit, Wärme	
	Kraft, Ausnutzung von Potenz	
		toben, weglauf.
		nicht greifbar
	neue Möglichkeiten	
	kreativ, zusammen im Rhythmus laufen	

1.333 Analyse der Improvisation

Es bilde sich eine Struktur heraus, die Tendenzen zeigt, in regressive und aggressive Zustände zu gehen. Wieder ist in den sich ergebenden Spalten eine Wellenbewegung zu erkennen. Vom zurückgezogenen Standort aus scheint über die Begegnung eine Bewegung zur heraustretenden, herausfordernden, wagenden Seite zu geschehen.
Mit dem Erlebnis der Kindheit sind wohl eher negative Gefühle verbunden, die abhängig und hilflos machen, sie nehmen die Lust am Spiel. Die Patientin setzt Zeichen zur Wende mit dem Glockengeläut. Das Spiel auf den Bongos ermöglicht ihr das Experimentieren mit Neuem, was noch frei und nicht besetzt zu sein scheint. Aber auch dieses Neue macht unsicher und hilflos. Auch auf der aggressiven Seite erscheinen ähnliche Begriffe wie Hilflosigkeit und Festhalten. Doch die Impotenzgefühle stoppen den Versuch nicht. Das Zeithaft-Haltende gibt der musikalischen Improvisation garantiert weiterhin den Raum, der ermutigend wirkt und immer mehr die heraustretende positive, auch unsicher machende Kraft stärkt.

Tendenzen vom Führen und Nicht-frei-lassen tauchen immer wieder auf.
Doch Neugier und Reibeklänge, Auseinandersetzung und Wagnis setzen sich durch. Sinnlichkeit und Wärme fordern das Wachstum, aber auch den Trost und das Wagnis. Offenheit, Trotz, Täuschung, um nicht gefangen zu werden, bilden den Unschluß.

1.34 Umfelddimension 13. Sitzung
1.341 Spontaneindruck - Beschreibung von Reaktionen

Einfälle vor der Improvisation "Loslösen ohne verlassen zu werden" von Frau B. (13. Sitzung)
(Auswahl von Sitzungsprotokollen der Therapeutin)

Die Patientin setzt sich zu Beginn der Stunde sofort ans Klavier, der "kleine Punker" spielt wieder, sie hat ein wildes Aussehen. Heute scheint es um Machtausübung zu gehen, wenn sie mit dem Pedal einen Klavierrausch herstellt. Sie möchte ein "Konzert" geben, sich warm spielen; möchte, daß draußen Alle sie hören.
Nachdem ich kurz mitgespielt habe, vor allen Dingen Becken, lasse ich sie alleine voll ausspielen. Es ist wenig einfallsreich, jedoch wichtig, "Ich oder Nichts".

Nach dem Eingangsspiel äußert die Patientin ihre Angst, im März die Tagesklinik zu verlassen. Jetzt beginne sie, sich hier sicherer zu fühlen. Im Gespräch wird deutlich, daß sie einerseits selber suchen will, Macht und Stärke zu fühlen, sich gegen die Eltern zu wehren und daher keine Nähe zulassen kann. Andererseits braucht sie das Gefühl, etwas Vertrautes zu haben, was ihr in unbekannten neuen Gefühlszuständen Sicherheit geben kann. Als sie davon spricht, bekommt sie wieder dieses Nebelgefühl im Kopf und große Angst.

Mein Vorschlag über das Thema "Kommen - Gehen" zu improvisieren, macht ihr Schwierigkeiten, sie versteht es nicht. Lange suchen wir nach einem Thema. Ich bitte sie, mich ans Klavier zu lassen, spüre ihr Widerstreben, habe jedoch das Gefühl, daß sie sich freier an den anderen Instrumenten ausprobieren kann. Denn mit dem Rausch des Machtgefühls am Klavier war sie in eine Rolle geschlüpft, die ihr noch nicht paßte. Die Ambivalenz der anstürmenden Gefühle, sich einerseits befreien zu wollen, und andererseits Angst vor dem unbekannten Raum zu haben, drückt sie mit dem Thema aus: "Loslösen ohne verlassen zu werden".

Einfälle nach der Improvisation: "Loslösen ohne verlassen zu werden" von Frau A. (13. Sitzung).
(Auswahl von Sitzungsprotokollen der Therapeutin)

Nach dem Spiel kommt ihr Ärger raus, vom Klavier vertrieben worden zu sein. Sie hat das Gefühl, daß ihr etwas weggenommen worden ist und erinnert sich an ihre kreative Schwester.
Sie habe immer das Gefühl gehabt, bei ihren Eltern zu kurz gekommen zu sein.
Das Metallophon erinnert sie an die Zeit in der Musikschule, die sie haßte. Die neuen Möglichkeiten, die neuen Gefühle probiert sie am Metallophon, was mit der Zeit in der Musikschule besetzt zu sein scheint, erst gar nicht aus.
Sie denkt: "das Klavier will ich oder nichts", und bekommt große Wut. Die Bongos blieben das einzige Instrument, was sie reizte; früher hat es schonmal eine wichtige "Protestimprovisation" gegeben. Ich nehme ihren Ärger an, verweise aber auf die Möglichkeiten der anderen Instrumente. Die Patientin meint, die Gitarre habe sie auch gereizt, doch sie habe sich nicht getraut.

1.342 Charakteristik

VOR DER IMPROVISATION

re-gredi		*ag-gredi*
		"kleiner Punker"
		wildes Aussehen
Machtausübung		
Klavierrausch		"Konzert" geben
	warm spielen	
	alle hören	
	wenig einfallsreich	
	wichtig	
"Ich oder Nichts"		
Angst verlassen		
sicher fühlen		selber suchen
		Macht
		Stärke
		gegen die Eltern wehren
		keine Nähe zulassen
etwas Vertrautes		
		unbekannte neue Gefühlszustände
	Sicherheit geben	
Nebel im Kopf		
große Angst		
	Kommen / Gehen	
	nicht verstehen	
	suchen	
		widerstehen
	Rausch	Machtgefühl
in eine Rolle schlüpfen		
nicht passen		
	Ambivalenz anstürmender Gefühle	befreien
Angst		unbekannter Raum
	"Loslösen ohne verlassen zu werden"	

NACH DER IMPROVISATION

re-gredi		_ag-gredi_
		Ärger
	Klavier vertrieben	etwas weggenommen
	kreative Schwester	
		bei Eltern zu kurz gekommen
Zeit der Musikschule		hassen
"Ich oder Nichts"	besetzt	
		Wut
		Bongos
	Ärger	
	annehmen	reizen
	Gitarre	Protestimprovisation
	reizen	
nicht trauen		

1.343 Analyse des Umfeldes

Wieder bietet sich an, die Einfälle nach regressiven und aggressiven Tendenzen zu untersuchen.
Die Ebenen der Aufsässigkeit und des Herangehens an neue Bereiche zeigen sich einmal in einer äußeren Ebene, z.B. der Verkleidung als "kleiner Punker", einem wilden Aussehen oder in den Versuchen, in eine fremde Rolle zu schlüpfen (mein Platz am Klavier).

Ebenfalls eine äußere Ebene ist das Erleben von äußerer Aggresion, einmal in dem übertrieben erlebten kreativen Vorbild der Schwester, der schulischen Situation der Musikschule, dem Lernen-Müssen, der Macht und Stärke der Eltern. Es gibt dann eine innere (ihre eigene) Form der Aggression, die ich im Entwicklungsstand der Patientin als sehr positiv erlebe. Das sind Versuche, selber Grenzen auszuprobieren, sich in neue unbekannte Gefühlszustände zu wagen, Ambivalenz von Zurückgehen-Wollen in Sicherheiten und Heraustreten-Wollen, Fesseln-abstreifen-Wollen zu ertragen.

Befreiung in einen unbekannten Raum, mit Hilfe eines nicht besetzten Instruments, der Bongos, wird versucht. Die Gefühle von Krafterleben und Machtausübung können sowohl in einem eher regressiven Feld angesiedelt werden, einem Nacherleben früher notwendiger Zustände, die damals nicht ausgelebt werden konnten, oder auch eines angreifenden, alles andere zunichte machenden Verhaltens, was in dem Begriff "Ich oder Nichts" zum Ausdruck kommt. Es ist interessant, daß die Patientin die Zusammenfassung dieser wichtigen Gefühle im Begriff "Kommen und Gehen" wie sie die Therapeutin vornahm, nicht verstehen konnte.

Sie scheint auf einer noch vorbewußten Ebene ihr Bedürfnis, weggehen und wiederkommen zu können, neue Sicherheit zu fühlen, um wieder gehen zu können (Wiederannäherungsphase, Mahler 1980), zu erleben, es jedoch noch nicht bewußt zu haben.
Ihre eigene Begriffsfassung dieses Erlebnisses bringt sie in das Thema "Loslösen ohne verlassen zu werden".

Sie scheint also einen regressiven Raum zu wünschen, der etwas Vertrautes bietet, zu dem sie zurückkommen kann, der jedoch nicht festhält (aber hält), wenn sie wieder hinausgehen muß. In den Einfällen nach der Improvisation und der Zusammenfassung wird deutlich, daß die von außen erlebte Aggression in Form von Festhalten, Etwas Wegnehmen, Vorschriften Machen, besonders stark erlebt wird.

Die Vertrautheit, die die Patientin in nebelhaften Angstzuständen immer wieder fordert, wobei sie sehr aggressiv vorwerfen kann, daß man sie ihr nicht gebe, erlebt sie hier

*in der Übertragungsschiene als das früher erlebte negative
Halten. Dieses scheint aber kein wirkliches Halten, zweck-
freier, gewesen zu sein.*

*Noch einmal möchte ich herausstellen, daß ich zwei Ebenen der
Aggression sehe:
Einmal eine äußere Ebene der Aggression, ein auf sie Zukommen
und Bedrohlich Sein, das andere eine innere Form der Aggres-
sion, die ich als Heraustreten aus regressiven, sie in ihrer
Entwicklung hemmenden Zuständen, als sehr positiv erlebe.
Diese Triebkraft gibt ihr immer wieder die Möglichkeit,
vorzustoßen und Neues zu wagen, nachdem sie Phasen des
Absicherns gebraucht hat.*

*Nun folgt das letzte Beispiel der Sequenz aus der musikthera-
peutischen Behandlung von Frau B.*

1.35   Musikdimension 14. Sitzung
1.351 Spontaneindruck - Beschreibung von Reaktionen

BEISPIEL 5

Die Resonanz der Musik findet sich wieder in den folgenden Beschreibungen. Sie sind spontaner Ausdruck einer Gruppe von Kollegen, deren persönliche Bemerkungen ich als Assoziationsmaterial sammelte:

"Die Patientin nutzt in dieser Improvisation ein volles Instrumentarium: Metallophon, Tempelblocks, Becken, Trommel. Die zwei Hauptformen sind erkennbar: einmal etwas Verschwommenes, dann etwas wie Klopfen, Klarheit, Einfachheit. Man könnte es auch bezeichnen als Klangrausch gegen Erkennbares. Angstmotive fallen auf, ein Treiben und Laufen oder auch ein schnelles Fluchtmotiv. Zwei andere Pole wären Bedrohlichkeit gegen Weichheit und Wärme. Im ganzen scheint es sich um einen Machtkampf zu handeln, um den Kampf zweier starker Kräfte. Der Gegensatz wird aufrechterhalten. Da ist so ein Rausfallen und Reinfallen, ein Zulassen, ein Sich-Rantrauen, ein Wehren und Haltemotive."

"Andere Bilder, die einfallen, sind Sturm gegen Ruhe, Nichtform gegen Form, Treiben gegen Warten. Dann treffen die beiden sich zum ersten Mal in einem schönen Grundrhythmus, im gemeinsamen Trott, aus dem Kraft gewonnen werden kann. Es ist wie ein erstes Eingehen, Finden, Fügen. Doch diese Nähe und Einigkeit scheint neben der Kraft auch wieder herauszutreiben, etwas zu verstärken, wobei der Trieb jedoch einen Schutzraum braucht. Die Patientin kommt aus diesen einigen Phasen immer wieder raus mit starkem Trommel- und Beckeneinsatz. Der Beckeneinsatz entwickelt sich im weiteren Spiel als ein Regulativ für das Befinden, sie ist stark. Nach den Ausbruchstellen kommt eine zweite Phase, der Phasenwechsel wird im folgenden sehr wichtig, jetzt handelt es sich um die zweite Phase der Einigkeit, diesmal fremdartig."

"In einer Einfachheit, die sich vor allem im Rhythmus zeigt, scheinen sie sich wiederzufinden. Wiederum wird darin Kraft und Sicherheit gefunden und steigert sich bis zur Löslösung. Mit Loslösung meine ich ein Herausgehen aus der Einigkeit, auch aus dieser Ruhe und dem Warten. Eine wirkliche Loslösung findet nicht statt, die Patientin scheint das Mitgehen der Therapeutin zu brauchen. Beim dritten Phasenwechsel ist das Eingehen, Einfügen und Finden noch mutiger, es entstehen Reibeklänge, der Grundpuls bleibt, aber Melodien und Material sind vielfältiger. Die Patientin scheint auszubauen, immer wieder vom Wehren und Toben in Formen zu fallen. Dabei bekommt sie immer mehr Ideen. Sie fällt dann beim dritten Mal erstmals mit kreativen Farben ein und läßt Dissonanzen stehen."

"Ein letzter Teil bahnt sich an dadurch, daß die Therapeutin in den Rhythmus und die Form der Patientin mit dem erweiterten a-moll Harmonieschema einfällt (mir wird beim Hören warm und weich). Das Kind ist stapfend und burschikos, Spaß und Traurigkeit höre ich darin. Die Formen, die gefunden worden sind, und die Tobelust werden eingebaut in das erweiterte Schema. Dann wird es geheimnisvoll, als die Patientin Stöcke und andere Klangveränderungen einsetzt, die Dynamik zurücknimmt, überhaupt jetzt das Geschehen stark bestimmt. Sehr zurückgenommen hält die Therapeutin diesen Puls in der a-moll Harmonie und spielt erweitert in der vollen Breite des Klaviers Motive. Da ist jedoch etwas drunter, das ist zu spüren. Schließlich erfolgt eine Baßfigur dazu in der Tiefe des Klaviers. Diese hat jedoch keine Gelegenheit, sich weiter aufzubauen und wird ganz überraschend von der Patientin mit einem langen Beckenschlag beendet." (Assoziationsmaterial aus Beschreibergruppen)

1.352 Charakteristik

FORM 1	(Bewegung)	FORM 2
	nutzt volles Instrumentarium erkennbar	
Verschwommenes Klangrausch	<------------------------------>	Klopfen, Klarheit Einfachheit Erkennbares
	Angstmotive treiben laufen schnelles Fluchtmotiv	
Bedrohlichkeit	<------------------------------>	Weichheit/Wärme
	Machtkampf Kampf zweier starker Kräfte Gegensatz wird aufrecht erhalten rausfallen/reinfallen zulassen sich rantrauen wehren Haltemotive	
Sturm		Ruhe
Nichtform	<------------------------------>	Form
	Treiben Warten eingehen finden fügen Nähe/Einigkeit heraustreiben verstärken Trieb Schutzraum brauchen	

FORM 1	(Bewegung)	FORM 2

	Ausbruchstellen
	Phasenwechsel
	fremdartig
		Phase der Einigkeit
		Einfachheit
		Kraft, Sicherheit
		  finden
		Loslösung
		Herausgehen aus der
		  Einigkeit, Ruhe
		Warten

	Mitgehen brauchen mutig Reibeklänge ausbauen	

		vom Wehren/Toben in
		  Form fallen
		Ideen
		Dissonanzen
		Kind stapfend,
		  burschikos
		Spaß - Traurigkeit
		Form finden
		Tobelust
		erweitern
		geheimnisvoll
		Dynamik steuern
		Geschehen bestimmen

	drunter? Baßfigur Tiefe keine Gelegenheit überraschend Beckenschlag beendet	

1.353 Analyse der Improvisation

Die beiden Kräfte oder Formen, die sich in unserem Produkt einstellen, werden immer deutlicher und identifizierbarer. FORM 1 könnte man beschreiben als verschwommenen Klangraum, der bedrohlich wirkt, in seiner Form wenig erkennbar ist und an ein ganzheitliches primärprozeßhaftes Erleben, an einen regressiven Entwicklungszustand erinnert.

FORM 2 wird durch das immer deutlichere Hervortreten von Strukturen und erkennbaren, oft einfachen Linien eher einem sekundärprozeßhaften, herauswachsenden Zustand ähnlich. Zwischen diesem ganzheitlichen und dem separierenden Zustand geht es auch in dieser Improvisation immer hin und her. Die Bewegung und die Kraft für das Heraustreten, oft auch als ein Hereinfallen von einem unstrukturierten Zustand in eine Form verstanden, wird gewonnen aus der Begegnung. Immer deutlicher stellt sich das Ganze unserer Arbeit in dieser 14. Sitzung ein, wo es um Loslösen und eigene Identität geht.

Die Begriffe der Charakteristik verdeutlichen, wie sich vom Einstellen und Deutlich-machen der beiden Kräfte über einen "Machtkampf" und eine Härte in der Auseinandersetzung ein "Sich-gegenseitig-lassen-Können" entwickelt. Wechsel ist wichtig, immer wieder hin- und hergehen können, sich immer wieder spüren können in dem Raum des Schutzes und in dem Raum des Heraustretens und der neugierigen Erforschung.

Auffällig ist am Schluß die Vermeidung der Auseinandersetzung mit einem Element in der Tiefe, musikalisch dargestellt in einer Baßfigur und dem wiederum überraschenden schlagartigen Beenden des Spiels durch die Patientin.

1.36 Umfelddimension 14. Sitzung
1.361 Spontaneindruck - Beschreibung von Reaktionen

**Einfälle vor der Improvisation "Bett im Nebel" von Frau B.
(14. Sitzung)
(Auswahl von Sitzungprotokollen der Therapeutin)**

Die Patientin kommt zu dieser Sitzung 10 Minuten zu spät, mit dem Taxi, gehetzt von zu Hause. Es gehe ihr schlecht, sie habe wieder Schwindelgefühle und sei unsicher gewesen, überhaupt herzukommen. Das klingt alles wie ein Vorwurf. Sie steuert direkt auf das Klavier zu.

Gestern abend habe sich der Schwindel verstärkt, stößt sie heraus, sie habe sich gestern wie ein Kind gefühlt, als sie bei mir um eine zweite Stunde gefragt habe, gleichzeitig habe sie das Gefühl gehabt, daß sie eigentlich niemand haben wolle. Ich sage ihr, daß ich diese Stunde für sie freigehalten habe, aber erwartet hätte, daß sie darum frage, und daß sie selber entscheiden solle, was sie brauche.
  Die Patientin meint, eigentlich wisse sie das, sei aber unsicher. In der Eingangsimprovisation versucht sie sich krampfhaft am Klavier festzuhalten, kippt ihre Füße zur Seite, ich sehe und spüre ihre Angst zu fallen, sie findet keine musikalische Form.

Am Klavier scheint sie heute keine Lust zu haben, vielleicht hat sie Angst vor seiner Kraft. Krampfhaft hält sie eine zwanghafte Form, mit etwas scheint sie heute restlos überfordert. Ich stütze erst mit kräftigen Metallophon-Intervallen, dann nur noch mit dem Becken und dem Herzschlag der Trommel. Sie wischt etwas immer zusammen. Ich warte sorgend, dann hört sie auf.
Alles kostet sie heute Anstrengung. Sie hat keinen Spaß am Klavier, könne aber auch die Not dort nicht weiter ausdrücken. Als ich Verstehen zeige, läßt die Spannung nach.
  Die Patientin meint, es helfe nichts, sich dagegen zu wehren. Ich schlage ihr vor, den Gefühlen von Nebel zusammen nachzuspüren, zunächst aber den Platzwechsel. Darüber ist sie sehr froh, am Platz der anderen Instrumente beginnt sie zu weinen wie ein kleines Mädchen.
Ich erinnere sie an die "Lampe im Nebel" und frage sie, wo sie sich denn heute am sichersten fühlen könnte, wenn sie solche Angst vor ihren Gefühlen habe. Sie meint: im Bett.

Einfälle nach der Improvisation "Bett im Nebel" von Frau B.
(14. Sitzung)
(Auswahl von Sitzungsprotokollen der Therapeutin)

Die Patientin äußert nach dem Spiel, sie sei jetzt froher
und ruhiger, habe Halt gefunden. Im Spiel habe sie das immer
Gleiche als das Nebelgefühl erlebt.
Sie versteht jetzt besser, was mit dem Kommen und Gehen
gemeint ist.
Sie müsse erst Halt finden vor dem nächsten Schritt. Sie
müsse das Gefühl bekommen, nicht im Stich gelassen zu werden.
Ich vermittle ihr, daß sie ein Recht darauf habe, um Hilfe zu
bitten.

1.362 Charakteristik

Zeitleiste - Wachsen - Ent-wicklung:

ANGSTZUSTAND   VERSUCH AUSBRUCH

Darstellung   bewegt sich
     stagnierend
           raus
              Hilfe
                  selber

zu spät
gehetzt
schlecht
Schwindelgefühl
                Vorwurf

steuert
wie ein Kind fühlen
niemand mag mich   selber entscheiden
krampfhaft festhalten
Angst zu fallen   sehen/spüren
keine musikalische Form
keine Lust

                Angst vor Kraft
zwanghaft
                restlos überfordert
zusammenwischen   sorgend
                Anstrengung
kein Spaß
                Not nicht ausdrücken
                  können
                Verstehen
                Spannung nachlassen
                nachspüren

                  Platzwechsel
                  weinen wie kleines Mädchen
                Angst vor Gefühlen
Bett   Halt finden
immer Gleiches-Nebel
                Kommen/Gehen
                Halt finden vor nächstem Schritt
                nicht im Stich gelassen werden

                                            Recht auf Hilfe

1.363 Analyse des Umfeldes

Mir fällt auf, daß es bei dieser Auflistung und dem Versuch, zu charakterisieren, einmal um die Darstellung des Angstzustandes geht, in dem scheinbar alles stagniert. Andererseits bemerke ich den Versuch des Ausbruchs, herzukommen, selber zu finden oder dabei Hilfe zu nehmen. Das ist die Bewegung.

In der Liste fällt auf, daß aus dem stagnierenden Zustand links eine Bewegung rechts heraus stattfindet. So sieht auch die Zeitleiste aus mit der Darstellung musikalischer Sprache. Es ist ein Wachsen heraus, eine Entwicklung.
Nach der Inszenierung des Angstzustandes tritt zunächst eine Bewegung in Form von aggressivem Verhalten als Vorwurf heraus. Aus dem krampfhaften Festhalten geht es über das Sehen und Spüren und die Angstgefühle, auch die Grenzen der Überforderung und Anstrengung zu einem wirklichen Ausdrücken der Not.

Wiederum ist die Begegnung, das Verstehen der mitspielenden Partnerin, wichtig, teilweise auch die Übernahme von Verantwortung, die Zuteilung des richtigen Platzes, damit sich die Spannung lösen kann und das "kleine Mädchen" weinen kann. Erst jetzt versteht sie, was das Nebelgefühl bedeutet, erst in dieser Stunde, was "Kommen und Gehen" bei ihr als Wünsche bedeuten. Sie kann selber formulieren, daß sie zunächst Halt finden muß, was ich verstehe als "beim anderen im Verstehen ankommen", nicht im Stich gelassen werden, Hilfe annehmen zu können, bevor sie den nächsten Schritt wagen kann.

1.37   Zusammenfassende Interpretation der ganzen Sequenz

<u>Lampe im Nebel</u> *(6. Sitzung)*

           Element 1 - Element 2   *Grenzen*
           Toben   Ruhe   *ausprobieren*
                                             eigene/fremde
           Bewegung - Nichtbewegung

<u>Loslösen ohne verlassen zu werden</u> *(13. Sitzung)*

           regredi   -   aggredi   *Unschluß*
                                            Bongo Protest
                                            frei machen
                                            Aggression
                                                    innen/außen

<u>Bett im Nebel</u> *(14. Sitzung)*

           Form 1   -   *Form 2*
           Klangrausch   -   *Erkennbares*
           Bedrohlichkeit -   *Wärme*
           Sturm   -   *Ruhe*
           Nichtform   -   *Form*

           Angstzustand   -   *Ausbruch   Hilfe*

INSZENIERUNG:

1. *Grenzen ausprobieren, eigene und fremde, in Bewegung kommen*

2. *durch Erleben des Angstzustandes vom Wehren/Toben in eine Form fallen*

Habe ich am Beispiel von Frau A. versucht, die Inszenierung in einer musiktherapeutischen Situation darzustellen (wobei es vor allem um das Nebeneinander und noch Unvereinbare zweier Pole ging), so möchte ich im Beispiel von Frau B. versuchen, durch drei Improvisationsbeispiele hindurch einen Prozeß der Veränderung, eine Bewegung heraus zu zeigen. Drei wichtige Improvisationen beleuchten ihr Problem in immer wieder neuen Formen, aber in einer gleichmäßig sich vorarbeitenden Weise.

Das ist einmal die 6. Sitzung mit der "Lampe im Nebel", dann die 13. Sitzung "Loslösen ohne verlassen zu werden" und die 14. Sitzung "Bett im Nebel". Durch die Zusammenstellung der drei Charakteristiken zu den Improvisationen fällt die Wellenbewegung auf, die sich immer deutlicher zu einer Auseinandersetzung mit regressiven und aggressiven Seiten der Patientin hin entwickelt.

Durch alle drei Improvisationen hindurch fällt auf, daß jede Erlebnisqualität neu gestaltet und mit der mitspielenden Therapeutin erfahren werden muß. Dann kann eine Bewegung wachsen im Sinne von: Aus-dem-stagnierenden-Zustand-Herauskommen.

Im Gestalten regrediert Frau B. bis hin zu Entstehenszeiten ihrer Angst, wo sie hilflos abhängig war und ihre eigenen Grenzen und die ihrer umgebenden Objekte nicht erleben konnte. Um sich frei zu machen und wieder neu in Bewegung zu kommen, muß sie zunächst die Angstgefühle noch einmal erleben. Dies geschieht in undifferenzierter archaischer Weise, indem sie Klangrausch herstellt, der kaum geformt ist und sehr bedrohlich wirkt.

Als Hilfe phantasiert sie sich entweder eine Lampe oder das Bett, welches sie sich als sicheren Raum vorstellen kann. Sie weiß, daß sie noch nicht alleine in diese neuen Bereiche und Gefühle eindringen kann, da sie bisher Grenzerfahrungen nicht genügend entwickelt hat, bei Konfrontationen sich nicht mehr spürt, sondern diese bedrohlichen, verschwimmenden Zustände bekommt.

Die Entwicklung dieser drei assoziativen Improvisationen mit dem dazugehörigen Umfeld zeigt also das Anwenden des Handlungsmodells. Die Patientin und die Therapeutin gehen gemeinsam in Extreme, während sie sich musikalisch begegnen und dann wieder daraus ent-wickeln, um zu verstehbaren deutlichen Formen zu gelangen.

Diese Entwicklung und Bewegung hat oft die Form eines Ausbruchs, ist abrupt, weil differenzierte Ausdrucksmöglichkeiten noch nicht entwickelt werden konnten.
Wichtig ist hier, daß die Patientin selber schon beginnt zu steuern, wenn sie zurück und wann sie vor- und hinausgehen will und immer deutlicher zeigen kann, wann sie eine "begleitende Lampe" oder eine stärkende Hilfe bei aggressiven Zuständen, manchmal auch eine haltende Ruhekraft, braucht.
   In diesen drei wichtigen Improvisationen konnte die Patientin den Nebelzustand deutlicher in seiner Funktion verstehen und ihn nutzen, um von da aus zu wachsen.

THEMENKATALOG Frau B.

Einzelmusiktherapie
*Dauer: 24 Sitzungen, einmal wöchentlich im Rahmen des
teilstationären Settings einer psychotherapeutischen
Tagesklinik*

Sitzung	Assoziative Improvisationen
1	Eingangsimprovisation
	Herbst
2	Unbekannt /Bekannt
3	Aufbruch
4	Eingangsimprovisation
5	Aufbruch
6	"Beschissen"

Tonbandbeispiel 3:

	-> die Lampe im Nebel
7	Ich schütze mein Inneres
8	Eingangsimprovisation
9	Verwirrung - Unsicherheit
10	Verbote - Freiheitsbeschränkung
	zwei Rhythmen (Herzen) - Ich bin Ich / Du bist Du
11	Ich werde verlassen / Ich befreie mich
	(Splitting)
12	Bekanntes, Vertrautes suchen

Tonbandbeispiel 4 und 5:

13	-> Loslösen ohne verlassen zu werden
14	-> Bett im Nebel
15	Eine endlose Schnur
16	Meine innere Unruhe
	Lebendiges
17	Verkleiden
18	Aussteigen - Feriengefühl
19	Loslassen - Krücken (Tabletten)

- Patientin sagte eine Stunde ab -

20	Zwei Frauen - Rivalität / Konkurrenz
	um den Stationsarzt (Vater)
21	Festhalten / Loslassen - Gelähmt sein / Lebendigke
22	Wie beendet man etwas?
	Auf einer Brücke sein - rübergehen
	Abschlußimprovisation
24	Ambulante Abschlußstunde:
	- Improvisation, Befreiung durch das Becken
	- Hören der Improvisation "Loslösen ohne verlassen zu werden"

2. Musiktherapeutische Prinzipien
2.1 Einheit - Trennung

Die Einführung und Anwendung der musiktherapeutischen Grundregel, die als Ausgangspunkt in dieser Arbeit durch das Handlungsmodell angelegt war, förderte das oben beschriebene Material zutage.
Ein wichtiges Kriterium dieses ästhetischen Mediums, der freie Spielraum, ließ die besonderen Eigenarten der Patienten an ihren Werken entstehen. So entwickelten sich über die Beobachtungsmethode im begrifflichen Fassen der Produkte Gegensatzpaare, widersprüchliche Kräfte, die für den therapeutischen Prozeß genutzt werden.

Wie in jeder Therapie geht es um eine Integration von sowohl libidinösen als auch aggressiven Gefühlen. Doch im musiktherapeutischen Prozeß kann durch seine Bedingungen das gleichzeitige Vorhandensein solcher Kräfte unmittelbar erlebt werden.
So wird bei der Inszenierung des Problems und dem Akzeptieren der dort gebundenen Gefühle ein Wiederbeleben, z.B. einer auslösenden Situation, erreicht.
Die Methode des Improvisierens ermöglicht, Impulse für Neues zu erspüren, Initiativen zu ergreifen, etwas in Gang zu setzen. In den Beschreibungen der therapeutischen Produkte wird sichtbar, wie sich Formen bilden, und wie sie gesprengt werden, um wieder neue Formen zu bilden, dabei macht die Zeitqualität der Musik und ihre Beweglichkeit möglich, daß beide Seiten eines Problems im Zusammenspiel erfahrbar werden.

Die Beispiele bilden das jeweilige Problem des Patienten ab, machen es im Handlungsprozeß bewußt und zeigen den Weg zur Differenzierung und Umstrukturierung. Dabei werden die Prinzipien des Ganzheitlichen und Separierenden als Wirkkräfte der Musiktherapie deutlich.

Bei diesen musiktherapeutischen Wachstumsprozessen geht es in den entstandenen Produkten um die Auseinandersetzung zweier Kräfte.

Durch die Grundsetzung unseres Mediums scheint die Spaltung aufgehoben zu sein, vielmehr die Einheit im Spiel eine größere Differenziertheit des Erlebens und Ausdrucks, die Verfügbarkeit von Potenzen zu ermöglichen.

Gegensatzpaare, die im Zusammenhang dieser Überlegungen einfielen, sind im folgenden festgehalten:

Ganzheitsprinzip / Separierendes Prinzip

regredi / aggredi
Sehnsucht / Technik
weiblich / männlich
halten / loslassen
Nichtbewegung / Bewegung
Nichtform / Form
stagnieren / fließen
zeitlos / zeithaft
immer da / weitereilend, punktuell da
drin sein / drauf sein, System schauen
erleben, fühlen / beobachtend draußen sein
passiv / aktiv
archaisch / kulturell
Sinnlichkeit / Geistigkeit
Tod / Liebe

Interessant sind in diesem Zusammenhang die Gedanken des chinesischen Tao, die in den Kräften Yin und Yang, und deren Wechselspiel eine Ganzheit und Ausgewogenheit anstreben (Colegrave 1980).

Die Auseinandersetzung zweier Kräfte kann jeweils verschieden benannt werden. Sie kann einmal als Ganzheitsprinzip verstanden werden, welches im Medium Musik vor allem durch die Zeitqualität aufrechterhalten wird.
Ein gemeinsamer Puls oder Grundschlag, die gesamten Möglichkeiten des Rhythmus, was wiederum mit Lebensbewegung zu tun hat, gehören hierhin.
Auf der anderen Seite ist da immer wieder das separierende Moment, was heißen kann, sich vom anderen abzusetzen, eigene Formen und Gestalten entwickeln, was aber auch heißen kann, auf einer höheren differenzierteren, in der menschlichen Entwicklung ebenfalls höheren Stufe, Erlebtes zurechtzurücken, einzuordnen, für sich selbst eine Lebensform, eine Identität zu finden.

Die Stufen der Identitätsbildung (Erikson 1979) können nur in der Auseinandersetzung mit einem - den freien Spielraum ermöglichenden und mitspielen könnenden - Objekt entwickelt werden.

Bei der Entwicklung des Verstehensmodells ging es um die Stufen: Berühren-Lassen beim Anhören, möglichst mit hineingehen mit den eigenen Gefühlen, beschreiben des Erlebten, herausziehen der wichtigsten Einfälle in Form einer Charakteristik, schließlich begriffliches Fassen des Ganzen in musikalischer und nichtmusikalischer Dimension. Ebenso wie beim Aufrechterhalten der musiktherapeutischen Situation ist es beim Verstehensprozeß wichtig, immer die Ganzheit im Auge zu behalten.

Die Beschreibungen der einzelnen Elemente von Musik und assoziativem In- und Umfeld sind jeweils Teile eines Ganzen, und es ist wichtig, in jeder Beschreibung, in der Charakteristik und im begrifflichen Fassen, das Typische dieser Inszenierung herauszufinden und nicht einen Eindruck abzuspalten. Im Sinne des ganzen Werkes, des Produktes dieser musiktherapeutischen Situation habe ich versucht, diese Szenen zu untersuchen.

2.2 Praxisbeispiel Herr P. - Von der Ganzheit zur Trennung
Lösungsversuch (Charakteristik mit Interpretation)

In diesem Kapitel soll versucht werden, die gefundenen Prinzipien im musiktherapeutischen Prozeß noch einmal zusammenfassend darzustellen. Dies geschieht am Beispiel der Therapie mit Herrn P., indem exemplarisch aus einer Sitzung zwei Szenen beschrieben und definiert werden, die sowohl die Inszenierung seines Problems als auch den musiktherapeutischen Arbeitsschritt in der Nutzung der Bindungs- und Entbindungsprozesse zeigen. Sein Lösungsversuch kann durch die Mittel Musik und Beziehung besonders eindrucksvoll zeigen, wie Behandlung im Durcharbeiten seiner Widersprüche geschieht.

Die musiktherapeutische Arbeit mit Herrn P., einem 26-jährigen Studenten, fand im Rahmen des teilstationären Settings einer psychotherapeutischen Tagesklinik statt. Ich wähle die 15. Sitzung mit der Charakteristik zweier Improvisationen, da sich dort seine Problematik sowie die bisher aufgezeigten musiktherapeutischen Prinzipien besonders abbilden.
Das geschieht sowohl in der Inszenierung des Problems, als auch im musiktherapeutischen Bearbeitungsschritt von Eingangsimprovisation zu assoziativer Improvisation. "In der Musik kommt es immer raus", sagte der Patient einmal, während Frau A. das spezifische Empfinden der Musiktherapie so ausdrückte: "Im Spiel bekomme ich Gefühle".

Beide Aussagen zeigen deutlich das Erlebnis der Patienten, daß im Spielprozeß der freien Improvisation etwas mit ihnen geschieht, sie sich bewegen oder bewegt werden.
Es scheint, als ob im Gesamterleben des Improvisationsvorgangs mitsamt dem Assoziationsumfeld ein Wechsel der Ebenen ermöglicht wird, der Tendenzen von Abspaltung entgegen wirkt.

Ein ganzheitliches Zulassen im Patienten latent vorhandener realer Möglichkeiten deutet sich so oft zunächst im musikalischen Werk an, um dann schrittweise bewußter und in die Persönlichkeit integrierbarer zu werden.

Wie in den oben genannten Beispielen von Frau A. und Frau B. ausgeführt, wirkt die Spannung, die sich aus dem Spiel gegensätzlicher Kräfte ergibt, entwicklungsfördernd und treibt den Fortschritt von Bindungs- und Lösungsvorgängen voran. "Das Oszillieren zwischen Todestendenzen und Lebenmüssen gleicht dem Eindruck von Einheit, oder, in der Raschheit des Oszillierens, dem des fortwährenden Werdens von Einheit" (Lou Andreas-Salome 1983, 196: "In der Schule bei Freud").

*Die 15. Sitzung mit Herrn P. begann - wie die meisten
vorherigen ohne eine Themenvorgabe - mit der Eingangsimprovisation, um zu erleben, was heute für ihn wichtig war.*

   *"Wir spielen, was uns einfällt, lassen uns von
   dem in uns bestimmt, was nach Ausdruck drängt!"
   (Grundregel)*

*Herr P. spielt Xylophon und Becken, die Musiktherapeutin
spielt Klavier.*

*Ich versuche wiederum die Anmutungsqualität der entstandenen
Musik zu beschreiben und die Improvisation als Beziehungsvorgang ganz zu sehen, wo sich etwas Seelisches ins Werk
setzt. Diese Eindrücke sind auch von Personen, die nicht am
musikalischen Beziehungsprozeß beteiligt waren, beim Anhören
der Improvisation geäußert worden. Ich bringe in der Folge
zwei Beschreibungen von verschiedenen Gruppen, was eine
Auswahl aus einer Fülle von ausgelösten Phantasien zeigen
soll. In der anschließenden begrifflichen Fassung des
Geschehens in Form eines intersubjektiven Verstehens soll
versucht werden, den Aussagekern zu treffen, ohne daß die
Einfälle zunächst vom Erzeuger der Musik selbst stammen.*

BEISPIEL 6

Versuch einer Charakteristik der Improvisation

Eingangsimprovisation - Herr P. 15. Sitzung

"Das macht Schwierigkeiten zu hören, die Musik beklemmt und
bedrängt. Es fallen kleine Explosionen und Kämpfe auf und
dann dieser erstaunliche Harmonisierungsversuch am Schluß.
Gefühle von einer Schloßsituation, altem Gemäuer, wo etwas
eingepfercht ist und schreit. Dann ist auf einmal die
Spannung weg und die Übereinstimmung verwundert, da die
beiden doch durch kampfartige Situationen gegangen sind, als
ob etwas hingenommen würde. Die Beruhigung ist keine positive
Lösung, eher wie Kampfaufgabe. Die Töne passen, aber etwas
stimmt nicht. Wieso kommt es so überraschend vom Gegen-
einander zum Miteinander? Das Schlagzeug scheint Harmonie
kaputtmachen zu wollen und sich aufzulehnen. Das Schlagen
wirkt wie ein Signal. Der Kampf wirkt weniger aggressiv ...
als wie ein Nicht-Mitmachen, Hin- und Herspringen. Verharr-
angebote werden nicht angenommen.
Zu Angeboten will er nicht hin, damit ist er nicht zu
packen."

"Auf einen Nenner gebracht, könnte man die Eindrücke so
fassen:
Da ist eine Kampfsituation, bedrängend und auflehnend. Es
setzt sich ein Muster durch, das man bezeichnen könnte als
'Sich-nicht-packen-Lassen'. Der Unruheeindruck ist stark, das
Wegspringen und daneben eine Provokation, dennoch Angebote
zum Bleiben zu machen. Ausgangspunkt scheint die Harmonie zu
sein, wovon schnell weggegangen werden muß."

*Eine andere Zuhörergruppe bringt zur Eingangsimprovisation
diese Einfälle:*
"Nach dem Kampf sind da Gefühle von Erlösung, Aufgewühlt-
Sein, Erschöpfung und 'daß da was fehlt'. Das Bild eines
Käfers drängt sich auf, der hilflos an einer sinnlosen Stelle
im Sand buddelt. Dabei wirkt das Klavier wie warme Sonnenstrahlen. Es herrscht eine Enge, entwickelt sich zur Aus-
weitung nach unten und geht dann zurück in den kleinen engen
Raum. Ein Wechsel zwischen Ausweiten und Zurücknehmen findet
statt. Das Eingesperrte findet keine Möglichkeit, einen
Ausweg zu suchen. Ein anderes Bild ist das vom Urwald, wo
Tiere vor einer Bedrohung weglaufen, die sie nicht kennen,
wie in atemloser Flucht. 'Geh' weg, hau ab, ich will dich
nicht!'
Dramatisch wird von einer Zuhörerin die Angst vor Nähe
erlebt. Da ist ein Tappen in einem leeren toten Raum. Es geht
um Nähe und Distanz, die Extreme von Kälte, Beklemmung, sich
annähern wollen und der Angst vor Verschmelzung. Es fällt die
Mutter-Kind-Beziehung ein. Da ist ein Bemühen, aus der Iso-

lation rauszukommen, große Aufregung ist zu spüren, ein Rufen und gegenseitiges Locken. Bei Nähe haut er ab, es kommt zu Eskalationen: er bleibt aber beharrlich beim Sich-Trauen. Ein anderes Bild ist das Verstrickt-Sein, eine Spinne im Netz, wobei das Klavier weitet. Das Xylophon schafft es dann zu lösen, wird mit dem Klavier im Ohr selbständiger. Die Kontroversen von Anlehnung und Ablehnung sind zu spüren."
(Assoziationsmaterial aus Beschreibergruppen)

In der beschreibenden Gruppe ist eine Spaltung in rationale und emotionale Kräfte zu spüren, und es scheint, als ob Herr P. für verschiedene Anteile von sich Anwälte bekommt. Die Anteile der Zuhörer verbinden sich mit Anteilen des Patienten, so daß wir bei Sicht auf das Ganze einen Begriff von dem Gesamterleben des Patienten und seiner Beziehungsproblematik gewinnen können.

Auf einen Nenner gebracht geht es um den anstrengenden Versuch, sich anzunähern an ein Objekt, was Wärme verspricht, durch die Verlockung aber gleichzeitig bedrohlich erscheint. Hilft es Binden oder Lösen?
Ganz Ungebunden-Sein bedeutet noch Kälte und Isolation, Sich-Binden könnte bedeuten, verschlungen zu werden. Dazwischen ist die aufgeregte und oft sinnlose hilflose Bewegung.

Nun sollen, um die Szene abzurunden, meine Gedanken, also die der Musiktherapeutin während des Spiels, und sodann die Einfälle des Patienten erfolgen.

Während des Spiels verstärkte sich der Drang "in was rein oder was aufbrechen zu wollen". Mein Impuls war, etwas Ruhiges dagegenzusetzen, wobei ich bemerkte, wie schwer es wurde, überhaupt Eigenes zu entwickeln. Mir kam das Bild in den Sinn von einem "Vogel im Netz", der wild versucht, sich zu befreien, dessen Schwingen aber anscheinend behindert sind. Man könnte an dieser Stelle auch statt Netz Nest denken, aus dem er nicht raus kommt. (In einer der letzten Trennungsstunden sieht er sich noch einmal im Känguruhbeutel seiner Mutter, für den er nun eigentlich zu groß sei). Ich versuchte musikalisch den Raum zu erweitern, aber es gelang nicht.

Nach dem Spiel äußert der Patient seine Gefühle:
   er habe etwas machen wollen, aber immer gemeint, sich auf mich einstellen zu müssen. Von dem Eigenen, was er wolle, gebe es keine Vorstellung. Er sei angriffslustig geworden, habe sich aber gestoppt, weil es wohl zu laut und chaotisch würde, lieber aufgehört.

In einer späteren Sitzung kann er sich dann erinnern, bei Wutausbrüchen von seinen Eltern im Zimmer eingesperrt worden zu sein, bis er sich wieder beruhigt habe.

Ich gebe dem Patienten mein Bild des gefangenen Vogels und das beschwerliche Gefühl, sich auszubreiten, Platz zu schaffen. Der Patient meint daraufhin, er habe etwas aufrechterhalten müssen, etwas, was man nicht fangen kann, ein Tier. Mein Nachfragen, was das denn sein könne, bringt ihn auf die Eidechse.

Ich habe versucht, diese Eingangsimprovisation, in der sich das Problem des Patienten aktuell über das Medium Musik/Beziehung/freie Spielregel in Szene setzt, von vier Seiten zu beleuchten.

Da sind Einfälle der beiden Gruppen von Hörern nach der Therapie, weiterhin die Einfälle der Therapeutin und die des Patienten. Das musikalische Produkt aus unserem Begegnungsvorgang hat in den Phantasien Beteiligter und Nicht-Beteiligter das Problem des Patienten herausgebracht. Unser Werkzeug für die Beobachtung eines seelischen Vorgangs war dabei die eigene Einfühlung, das Mitschwingen im Prozeß.

"Nur eine Erscheinung, die wir entweder durch Introspektion oder durch Einfühlung (Empathie) in das introspektive Erlebnis eines anderen Menschen beobachten können, kann psychisch genannt werden" (Kohut 1977, 12)!

Was sich da psychisch ausdrückt und wiederum von Psychischem wahrgenommen wurde, übersetzt in Bilder, Gefühle, Worte, ist im musikalischen Werk abgebildet. Die Musik kann also als Ausdruck eines seelischen Prozesses wiederum Gleiches auslösen. Dies setzt allerdings eine gewisse Bereitschaft, sich berühren zu lassen, voraus.

Herr P. scheint seine Gründe zu haben, Kontakte zu vermeiden: ein Verhalten, unter dem er jetzt leidet, dessen Schutzfunktion sich ahnen läßt. Aus den Beschreibungen läßt sich die Spannung in der Beziehung der beiden Spielenden herausfiltern, die in vielen Bildern steckt.
Im Improvisationsvorgang werden Gegenkräfte freigesetzt, die widerstrebende Gefühle in Bewegung bringen. Dies sind Wünsche, sich vertrauensvoll anzunähern sowie Abstoßungstendenzen.

Deutlich ist der Ambivalenzkonflikt des Patienten ausgedrückt, seine Problematik mit Nähe und Distanz umzugehen, diese Wünsche zu regulieren. Er scheint sich anpassen zu wollen oder zu müssen, sich ebenso dagegen zu wehren und zu versuchen, sich abzugrenzen.

Wir haben in dieser Struktur demnach gleichzeitig Tendenzen, sich zu schützen und anzugreifen. Im Handeln erfährt der Patient jetzt beide Seiten seines Problems. Auch die Dimensionen des Ganzheitlichen und Separierenden sind aufzufinden, wenn diese Kategorien angesetzt werden. Dann wäre in diesem Fall das Ganzheitsprinzip als Sog zu

verstehen, sich mit dem "Mutterobjekt" regressiv zu finden,
möglichst "in einem Puls zu schwingen", einer Brutatmosphäre"
(Mahler), sich also symbiotisch zu verbinden.
Weiterhin ganzheitlich ist aber auch im reiferen Sinne eine
Verbindung von emotionalen und rationalen Kräften, denn Herr
P. versucht in dieser Spannung, eine seinen Fähigkeiten
entsprechende Lösung zu finden. Er integriert es im Gefühl
der Eidechse.

Das separierende Prinzip finden wir im Abgrenzungsvorgang,
der eher aggressiv versucht wird und auf einige Zuhörer
später auch hilflos wirkt. Kampf oder etwas Wehrendes scheint
notwendig zu sein, um das zu schaffen. Doch die Atmosphäre
des Sich-trennen-Dürfens, Vom-anderen-absetzen-Können mit den
musikalischen Mitteln, fördert die Entwicklungstendenz.
   Nach der eindrucksvollen Inszenierung des "Eidechsengefühls"
von Herrn P. in der Eingangsimprovisation und anschließenden
weiteren Bewußtwerdung im verbalen Teil der Musiktherapie
soll nun der nächste Bearbeitungsschritt aufgezeigt werden,
der sich zentral in der assoziativen Improvisation abspielt.

Die Abspaltung seiner Gefühle wird noch einmal deutlich,
indem der Patient zunächst noch zögert anzunehmen, daß die im
Spielprozeß entstandene Gestalt etwas mit ihm zu tun habe.
Das Erleben solch ambivalenter Gefühle von Nähe- und
Distanzierungswünschen ist zunächst in der Musik erlebbar und
handlungsbewußt, setzt im verbalen Teil der Therapie jedoch
noch in Erstaunen.

Als nächsten musiktherapeutischen Arbeitsschritt sah ich nun,
vom Patienten angeboten, die Möglichkeit, dem Ambivalenzkonflikt in der von ihm gewählten Gestalt, dem Bild und der
Gefühlsqualität der Eidechse nachzugehen.

Herr P. wollte mit der Eingangsvorstellung ins Spiel gehen,
daß die Eidechse irgendwo sitze, gefangen werden solle und
wegflitze. Mein Einfall, daß dies ein wechselwarmes Tier sei,
erheiterte ihn, und wir ließen uns wieder auf eine freie
Improvisation ein.
Den Rahmen und damit den Fokus der Bearbeitung bildete die
aus der Eingangsimprovisation entstandene Thematik "Eidechsengefühl". Dauerte die zuerst beschriebene Improvisation 6
Minuten, so entwickelte die assoziative Improvisation sich
über 10 Minuten. Auch diese soll beschrieben und charakterisiert werden über die Einflüsse, die sie bei Zuhörern im
Anschluß an die Therapie beim Anhören der Musik auslöste. Der
Lösungsversuch des Patienten, sich von der verführenden und
bedrohlichen Anpassung zu trennen, sein Entbindungsprozeß,
ging weiter und zwar über deutlicher werdende aggressive
Tendenzen.

BEISPIEL 7

Versuch einer Charakteristik der Improvisation
Eidechsengefühl - Herr P. 15. Sitzung

"Im spielerisch harmonischen Anfang scheint es zunächst um eine Fortsetzung der ersten Improvisation zu gehen, die ja in dieser scheinbaren, erstaunlichen Harmonie endet. Doch dann wird die Atmosphäre plötzlich nervös und unruhig durch einen Unterton, etwas Unterschwelliges im Klang. Verschiedene Klangbereiche, dunkle und helle scheinen aufzubrechen. Als Assoziation tauchen isländische Geysire auf. Die blubbernde Clownerie ist lustig, doch unterschwellig brodelt es, denn die Erde kann aufbrechen. Es kommen Explosionen und wieder eine Zeitlang diese lustige spielerische Clownerie. Dann geht es über in eine merkwürdige Stimmung, eine disharmonische Harmonie einer anderen Ebene. Das ist nicht befriedigend und positiv auflösend, sondern formal. Da ist ein Gleichklang, aber die Klangebene selbst beunruhigt. In den Tönen ist eine Beziehung, aber die Tonlage, die Ebene, ist eher beunruhigend als positiv auflösend. Eine fremdartige, eigenartige Ruhe ist da, wie in einem Eispalast und dort ein Rumtasten.
Der Schluß ist ein fast professionelles Spiel, hält lange eine jazzhafte Stimmung.
Die Harmoniephase ist hier logischer entwickelt als in der Eingangsimprovisation. Die gesamte Improvisation ist kompakter, dichter. Nur mittendrin ist dieses Beunruhigende, die Geysire. Das wirkt wie eine Blase, die sich kurz bildet, kurz aufsprüht und zusammenfällt. Dieses Spiel dauert lange und ist wie ein Lösungsversuch dieses Gefühls des Erdeaufbrechens.
  Nach der Musik bleibt ein anderes Gefühl als nach der Eingangsimprovisation. Da ist das eigenartige Spannungsverhältnis: Es braut sich etwas zusammen, explodiert, und dieses entsteht aus einer fast lustigen Dauerphase. Da sind Geysire, gefährliche Explosionen, Magma, vulkanische Erde, diese Tätigkeit kann Städte zerstören, Inseln entstehen lassen. Die kleinen eruptiven Tätigkeiten sind mit lustiger, spaßiger Musik unterlegt wie ein Witz, als ob die Gefährlichkeit dadurch wiederum ein Stück zurückgenommen würde."

"Auf einen Nenner gebracht wirkt die Musik so:
Unter dem Witz steckt was Gefährliches, es bricht die Erde auf, kann es und tut es. Zum Schluß kommt es nochmal hoch, kommt aber nicht raus, sondern fällt in sich zusammen.
  Der Schluß ist eine beunruhigende Phase, da der Jazzrhythmus formt und aufhält.
Die Aufbrechenergie fällt zusammen, Teile treten in der Musikkraft auf, es bleiben Befürchtungen, Wirbel aus sich langsam bildenden kleinen Eruptionen.
Der Patient löst Neugier aus und Angst, er beunruhigt, denn man weiß nicht, wann die Explosionen kommen oder wie, man weiß nur daß".
(Assoziationsmaterial aus Beschreibergruppen)

Bezogen auf die beiden Prinzipien des Ganzheitlichen und Separierenden drängen sich in der beschriebenen Szene folgende Schlüsse auf: Die aggressiven Triebkräfte des Patienten setzen sich im musikalischen Werk durch, es ist der Versuch, sich zu trennen, etwas Bindendes, Festhaltendes aufzubrechen, was schon in der Eingangsimprovisation, vor allem im Gegenübertragungsgefühl der Therapeutin angelegt war. Eine eigene Form wird entwickelt, die eigene Stärke und Entwicklungsfähigkeit bekommt, ist stark rhythmisch, jazz-artig.
Dabei bleiben die Überraschungseffekte, die sich gegen die gleichzeitige Tendenz wehren, in der gefundenen Struktur sich einig zu verbinden. Ganzheitliche Elemente sind die haltenden und aufhaltenden Formen, die konstruktive sowie für Herrn P. destruktive, nämlich entwicklungshemmende regressive Seiten haben.
So spielt Herr P. mit den Möglichkeiten des Mediums, er erfährt sich im Kontakt mit beiden Seiten.

Im jeweiligen Beziehungsprozeß verändert sich in der Nutzung der therapeutischen Zielsetzung die Sichtweise und Notwendigkeit der Wirkkräfte. So kann Separieren wichtig sein, im konstruktiven Sinne Konventionen aufzubrechen, was Herr P. mit entstehenden Harmoniemustern macht. Und es entstehen neue Formen im Ausprobieren aggressiver Kräfte, die Neues aus Altem entstehen lassen können.

Bedrohlichkeit und Angst spiegelt sich in der einfühlenden Beschreibergruppe durch diese Improvisation wieder. Da sind Möglichkeiten der Destruktion erlebbar. Ebenso wird in der Musik Verbindendes, das ganzheitliche Moment als schützendes, wiedererkennbares, immer wieder ein Stück Sicherheit gebendes Element wichtig und ist verfügbar. Dies kann sowohl steuernd vom Patienten selbst aus geschehen, als auch von der mitbeteiligten, am gemeinsamen Produkt mitschaffenden Therapeutin, die in ihren Gegenübertragungsgefühlen spürt, was an Nähe oder Distanz wichtig ist. Deutlich wird an diesem Beispiel, daß eine Bewegung stattfindet von noch abhängigen zu reiferen, abgegrenzteren Teilen der Musik.

Im Handlungsmodell habe ich die Möglichkeiten solcher Bewegungen im Bild der Schnittmenge mit den Extremen von Regression und Aggression dargestellt. So ist auch bei Herrn P., wie in jeder Entwicklung, das Hin- und Hergehen-Können, das Ausprobieren und Erweitern der Grenzen sichtbar. Der Schluß der assoziativen Improvisation ist entwicklungsoffen, bietet Ansätze, sich wieder anzunähern wie auch weiter progressiv genutzt zu werden.

Das Bild der Eidechse, von Herrn P. im ersten Spiel als Lösungsversuch seiner ambivalenten Abhängigkeitswünsche gefunden, verwandelt sich in dieser Folgeimprovisation.

Die Anpassungsfähigkeit des Tieres und seine Fähigkeit der ungeheuren Schnelligkeit und Vertrautheit mit wechselwarmen Zuständen traf sich mit den Phantasien der Hörergruppe.

In der Musik "Eidechsengefühl" fühlen diese jedoch in den Geysirbildern eine Verwandlung des vorher noch Harmlosen, eine Umbildung zu gefährlichen, ursprünglichen Kräften. Damit scheint Herr P.s Musik an Gefühlen auszulösen, was in ihm in Bewegung ist.

*Die Einfälle von Patient und Therapeutin zu dieser Improvisation sollen diese Szene abrunden:
(Sitzungsprotokoll der Therapeutin)*

Während des Spielbeginns, als der Patient vom Sopranxylophon auf das wärmere und tiefere Baßxylophon wechselt, machen wir noch beide diese huschenden, schnellen Bewegungen, das Klavier im Innenraum. Eine Zeitlang steht Kühle gegen Wärme, dabei bleibt jedoch diese Einigkeit im gemeinsamen Gestalten des Eidechsenbildes.

Mir drängt sich im Spiel die Frage auf, wo bleibt denn so eine Eidechse, was sucht sie? Und mir fällt die Sonne ein. Da treffen wir uns auf dem "g", dieser gemeinsame Ton bringt große, vertrauliche Nähe, ich weite jetzt nur noch den Klang/Tonraum aus, während der Patient in den "warmen Sonnenstrahlen" seine Rhythmen findet, sich ausweitet, stärker und größer wird. Ich steige vom Klavier her nur wenig auf seine Bewegungen ein, bin mehr Raum. Herr P. meint nach dem Spiel, anfangs sei es für ihn eine gemeinsame Inszenierung, eine Bildbeschreibung der Eidechse gewesen. Dann sei Spannung entstanden, ein Voreinander-Weglaufen in weiten Höhlen, Nicht-immer-begegnen-Wollen.

Eventuell deuten sich hier libidinöse Impulse in bezug auf die Therapeutin an. Ich spreche das Gefühl von Angstlust an, welches ein so kitzelndes, gegenseitig reizendes Spiel entfachen könne. Herr P. fühlt sich mit dem "Sonnenwunsch" verstanden, strahlt und berichtet, daß er sich an der Stelle gefunden habe, dann aber erstaunt gewesen sei, daß von der Therapeutin nichts mehr kam. Er habe den Wunsch nach Wohlfühlen gehabt, aber auch nach Weiterentwicklung, dazu brauche er Spannung. Wir lachen über die Vorstellung, gemütlich im Lehnstuhl zu sitzen, und es wird deutlich, daß der Patient das Mitgehen braucht, um weiterzukommen. Er fühle sich ansonsten nicht ernst genommen, glaubt Mißfallen zu erregen, wenn sein Gegenüber nicht reagiere.

Durch die den Raum aufrechterhaltende Therapeutin wurde der Patient einerseits herausgefordert, ermutigt und gereizt, Eigenes zu entwickeln: gleichzeitig lösen solche Alleingänge jedoch auch Angst aus, sich im Chaos – als solches erlebt er das Formlose – zu verlieren.

Er sucht gleichzeitig Wunscherfüllung im Anpassen und Einfügen, was er kennt und ihm Sicherheit gibt, sowie Fortschritt, der sich an den Stellen der Reibung und Spannung durch zu viel Nähe oder auch Entfernung ergibt. Das löst Bewegungsprozesse aus, er kann sich dann in seinen musikalischen Gestaltbildungen mit den dabei erlebten Gefühlsqualitäten annähern oder abgrenzen. Dabei entwickelt und differenziert er seine Bedürfnisse nach Nähe/Distanzregulierung.
Herr P. erlebt in der musiktherapeutischen Situation immer wieder dieses Eingeklemmtsein, seine Befreiungswünsche, bekannte Formen zu verlassen, sich in diesem freien Raum jedoch noch bedroht zu fühlen und Schutz zu suchen. In der Therapie erfolgt die Bearbeitung seiner Problematik immer erneut in den Schritten: Fühlen im Erleben und Herstellen der musikalischen Produkte, Bewußt-Werden, Verändern durch Umbilden.
Dabei geschieht eine Wechselwirkung zwischen Ebenen von Musik und Sprache, assoziativem, ganzheitlichem Erleben mit strukturierendem, formbildendem und separierendem Handeln.

Die gemeinsamen Überlegungen von Stationsarzt und Musiktherapeutin sollen diese Darstellung des Therapieausschnittes aus dem Prozeß mit Herrn P. abschließen:
Der Patient war im affektiven Ausdrucksbereich ungemein gehemmt und geängstigt, was auf seiner Angst vor dem Durchbruch aggressiver und libidinöser Impulse beruhte.

Der Patient kam in die psychotherapeutische Tagesklinik wegen Kontaktstörungen, die sowohl Anteile einer frühen als auch einer neurotischen Störung erkennen ließen.

Er wird seine Gründe haben, Kontakte zu vermeiden, ein Verhalten, unter dem er jetzt leidet, das ihn aus- und einschließt, dessen Schutzfunktion sich ahnen läßt. Bei reger Phantasietätigkeit konnte er jedoch seinen kreativen Bereich gar nicht leben, dieser war vielmehr von der Realität gänzlich abgespalten.

Unsere Überlegung war, dem Patienten in der Musiktherapie einen schützenden und stützenden Erlebnisraum zur Verfügung zu stellen, wo seine getrennt gehaltenen emotionalen und rationalen Anteile integriert werden könnten. Auf der Ebene der sich einstellenden Übertragungsbeziehung sollte gezielt an den Ausdruckswiderständen gearbeitet werden.
Während der Stationsarzt Einzelgespräche führte, konnte in der Zusammenarbeit mit der Musiktherapeutin die ödipale Konstellation für die Entwicklung des Patienten fruchtbar gemacht werden.

So erlebte ich Herrn P. in seinem Bestreben zum Mann zu werden, während der Einzeltherapeut in einer Art Idealisierung in eine Vaterübertragung geriet.

In der Entwicklungstendenz der Therapie offerierte der
Patient anfangs eine betont männliche Verführungshaltung, was
sich sehr bald, etwa in der 6. Sitzung, hin zu mehr kind-
lichen Anlehnungs- und Versorgungswünschen entwickelte. An
der Liste der folgenden assoziativen Improvisationen
dokumentiert sich dies an unseren musikalischen Produkten.

Aus dieser regressiven Position heraus entwickelte er
zunehmend eine reifere, abgegrenztere Position, dies ging
parallel zu den Erfahrungen in der Einzelpsychotherapie. In
den beiden Therapieformen breitete sich zunehmend die Kon-
fliktthematik aus. Der Patient konnte vermittelt über das
Medium Musik Impulsen nachgehen, die ihn sonst geängstigt
hätten, wobei die therapeutische Bearbeitung in der Einzelpsychotherapie sich im wesentlichen noch von der Abwehrseite
her gestaltete.

In der Musiktherapie wurde mehr gehandelt. Dieser zwei-
schrittige Zugangsweg erwies sich für diesen Patienten als
sehr fruchtbar.
Die abgewehrten Impulse wurden in der Musiktherapie deutlicher und sichtbarer, im Erleben greifbarer. Als Abwehr-
mechanismen, die in der rein verbalen Therapie als Widerstand
bearbeitet wurden, zeigten sich Rationalisierung, Affekt-
isolierung, Verdrängung.

In der Musiktherapie wurden die Impulse freigesetzt und in
der musikalischen Gestaltung ausgedrückt und differenziert
schrittweise angenommen, um in die Persönlichkeit integriert
werden zu können.
Im Handeln mit der Therapeutin konnte der Patient sich ge-
fahrloser verbinden mit Klang, Instrument, Form neben oder
mit der Therapeutin, und er konnte entbinden durch abgren-
zende, die Individualität und Andersartigkeit betonende
Gestaltbildungen.

In der Musiktherapie spielen Bindungs- und Entbindungsprozesse: sie fordern aktiv zum Leben heraus.

THEMENKATALOG: Herr P.

Sitzung	Assoziative Improvisation	
1	– den eigenen Klang suchen	Schnelle Impulse ohne Herkunft und Ziel, Beweglichkeit gegen Abgehobenheit.
2	– weitersuchen: was will ich denn jetzt?	Was Großes, Überraschungseffekte, reizen.
3	– warten, erwarten, Farbe	Ärger – unter Druck geraten, wenn er etwas machen soll.
4	– was Kraftvolles – für sich ausprobieren, eigene Kraft	Vitalität, reizen, keifen, ernstnehmen, Verführung zur Lächerlichkeit, rockig gekonnt, Säcke gegen die Wand werfen, "der Kleine tobt".
5	– stehenlassen	Gegensätze, rivalisieren, reiben, aufregen, triebig, männlich, Lust.
6	– schlapp sein, keine Lust	Unlust – Ärger – der Berg – Überforderung – im Sumpf.
7	– reizen, reagieren	Patient am Klavier, von Leblosigkeit zu seinem Rhythmuselement, getragen werden wollen.
8	– Schwebendes, ohne Form – zulassen	Mehr Bewegungsfreiheit – zwei Seiten des Haltens – zärtliches Gefühl – brüchig zulassen
9	– Befindlichkeit – Lust / Unlust – zusammen allein	Patient am Klavier – im Bett bleiben – Eigenes beschützen – kl. Junge will aus Mamas Bett raus – binden/lösen, falscher Platz, Unlust
10	– dem Schwunggefühl nachgehen	Stützung im Selbstvertrauen brauchen, Therapeutin soll die Lust erhalten, gebremst

Sitzung	Assoziative Improvisation	
11	- allein sein	Irgendwo drin schwimmen, bei Trennungssituationen in einer inneren Phantasiewelt sein, traurig, körperlos, am Landen hindern.
12	- diese Gefühle - die unbehaglichen Gefühle, ehrlich gegen sich selbst	Zu spät - Unangenehmes soll nicht sein - Abhängigkeitswünsche, Ärger, nett sein, Bindendes, Hemmendes, Befreien.
13	- das Eigene suchen	Eigensinnig - Unterstützen des Aggressiven, Einfühlungstendenz, Kehrseite.
14	- das Freie, ohne Form - was Ruhiges	Patient am Klavier, verbindender Puls, frei - unfrei, Formen auflösen.
15	- Eingangsimprovisation - Eidechsengefühl	Wechselwarm - Sonne
16	- den verdeckten Gefühlen nachspüren	Schlapp, hinter dem Rücken, Umkehr zum Becken.
17	- da fehlt was - was Kraftvolles	Neid, Resonanzboden brauchen.
18	- nicht anfangen können, liegenbleiben wollen	Kuschelig warm, lähmend, Kontakt aufnehmen, Mann - Frau, Kraft - Fluß.
19	- Anlässe	(Ab jetzt 2 x wöchentlich) Patient am Klavier, Nacht erfüllt den Raum, im Körper sitzen.
20	- Unlust - Bezug zur Realität - ernst nehmen	Mann werden, ernstgenommen werden, kein Clown sein, Potenz zeigen.
21	- Verbindung suchen - Trommellust	Schweiß, Tabakgeruch, Congas treibend, Lust geht weg, wenn man sie bemerkt, Scham, ertappt werden.
22	- was anderes - sich reiben	verträumt, in Ruhe gelassen werden, die andere zupackende Seite, mehr als nur eine Bezugsperson.

Sitzung	Assoziative Improvisation	
23	- Gefühlen nachgehen oder für sich verwahren	Traurigkeit, Frauen, Licht ausgemacht, Energie kommt schon wieder, Frauen sind nicht nur Mütter
24	- Grenzen ausprobieren - Abschlußtöne - darf das sein?	Seine Behandlung selbst bestimmen, sich behaupten müssen, keine männliche Stütze mehr
25	- Ich will mich entfalten	Zwei Becken, eingemauert, Hilflosigkeit in der Freiheit.
26	- ich hab Lust aufs Meer	Geräusche - Schwester - Guiro-genital, gefährlich, Angriff.
27	- Morgengefühl - Übergang	Aufraffen, verweigern, in Bewegung sein gegen Abgrenzung.
28	- Meinen eigenen Kopf haben - Form	Akzeptiert werden, herausfordernd, Funkkontakt.
29	- sich absetzen / eigenen Boden unter die Füße bekommen	Initiative übernehmen, anfangen, abgrenzen.
30	- diese ganzen Gefühle - Ärger - ich stecke fest	Sich gegen Ungewolltes wehren, Spinnenweib, eigene Kraft einführen, getrennte Einheit.
31	- Hören: 4. Sitzung "stehenlassen" - ich will mich nicht anstrengen	Langer Abschied, sich nicht trennen können, erregt sein, keine weiche spannungslose Situation.
32	- Ärger, versetzt werden - Entscheidungsfreiraum	Andere dazu bringen, etwas für ihn zu tun, Frauenrivalität, Bilderbuch.
33	- Gefühl nachspüren, wo ich mehr ich selbst sein kann, ohne den Kontakt zu verlieren	Was will ich? Unter den Teppich kehren.

Sitzung	Assoziative Improvisation	
34	- Grenzen - sich abgrenzen (das Cello noch nicht) - was passiert, wenn ich mich abgrenze?	Was Neues, nicht wehren können gegen Eindringen, benutzen.
35	- Cello - den eigenen Ton suchen	Abgelehnt mit Eigenem, Trauer, Kind entwächst.
36	- was ist heute dran? - auf die Suche gehen - abbiegen - von dem Treibenden weg - abhängig	Provoziere den Schluß, Berührung, drin sein, austreten.
37	- ausbreiten	Umsonst zur anderen Therapeutin, wie komm ich da raus? Enge, gefährliche Schlange, Congas/Guiro, da ist was im Busch.
38	- Suchen, was dran ist - abstoßen	Eigen-sinnige Musik, Känguruhmutter, Versorgungswünsche gegen Abstoßen, "zärtliche Stunden", Mutter-Sohn, überall trifft man Mütter, zwei Seiten, was Verlockendes.
39	- was beenden - Abschlußimprovisation - abstoßen	Verlangsamtes, schweres Tempo, Schuldgefühle beim Gehen, kann die Mutter das ertragen? , stehenlassen dürfen, Neugier auf die Gruppe, neue Ebene suchen.

3. ZUSAMMENFASSUNG

BEHANDLUNG - FOLGERUNGEN

In dieser Arbeit wurde versucht, aufgrund psychoanalytischer, musikpsychologischer, musikästhetischer und musikgestalterischer Aspekte Praxisbeispiele zu untersuchen.
Dabei sollte die Methode der freien Improvisation als spezifische Möglichkeit, Seelisches wahrnehmbar zu machen, herausgearbeitet werden, um über die Merkmale dieses Handelns in musiktherapeutischen Behandlungssituationen klinisch verfügen zu können.

Im Laufe dieses Prozesses kristallisierte sich eine therapeutische Haltung als zentraler Wirkfaktor heraus, die von mir im Zusammenhang der Musiktherapie als Resonanzkörperfunktion bezeichnet wurde.
Sie scheint eine Wahrnehmungseinstellung zu treffen, die in vergleichbaren therapeutischen Feldern als "gleichschwebende Aufmerksamkeit" (Freud) oder "drittes Ohr" (Reik) bezeichnet wurde.

Für die Musik trifft der Begriff der Resonanzkörperfunktion neben dem Aspekt des Mitschwingens als seelische Haltung auch die Bedeutung des Instruments im künstlerischen Produktionsprozeß.

Die besonderen Merkmale meiner therapeutischen Arbeit wurden durch die Beschreibung und Interpretation der entstandenen musikalischen Produkte herausgestellt. Hierbei legte ich den Handlungsbegriff der Psychoanalyse, im Sinne von "verleugnetem Handeln" (Schafer), welches im Spielvorgang öffentlich und verstehbarer wird, zugrunde. Weiterhin erschienen mir die Darstellungen vom "szenischen Verstehen" (Lorenzer, Argelander) in der Verknüpfung von Geschichte und augenblicklichem Erleben einer Interaktion für die Analyse einer musiktherapeutischen Behandlungssituation relevant.
Mit dem erweiterten Produktbegriff versuchte ich im Verstehensmodell das Problem zu greifen, welches die "szenische Funktion des Ichs" (Argelander) in der Interaktion von Patient und Musiktherapeutin erspielt hatte.

Spontaneindruck, Charakteristik und Analyse stellten die drei Schritte des Zugriffs auf die entstandenen musikalischen Produkte mit ihrem Umfeld dar.

Somit stellt diese aktive Musiktherapie eine Wahrnehmungseinstellung - musikalischer ausgedrückt eine Resonanzkörpereinstellung - in den Mittelpunkt, für die mir die Bezeichnung "analytisch orientierte Musiktherapie" angemessen erscheint.
Priestley dagegen hat - wie bereits erwähnt - die Bezeichnung für ihre Arbeit von analytischer zu exploratorischer Musiktherapie geändert.

Die Resonanzkörperhaltung wurde im Verstehensprozeß auch von den Lesern als Zuhörern gefordert.
Beim Anhören der Musik wahrgenommene eigene Assoziationen und Gefühle sollten ein Spezifikum dieser künstlerischen Therapie verdeutlichen, welches schöpferische Kräfte im Handlungsprozeß der beziehungsorientierten Improvisation in Gang bringt. So wurde in der Begegnung mit dem Patienten über die Resonanz eine Bewegung hergestellt, die in einem lebendigen Spielraum be-werkstelligte, - also im musikalischen Produkt hervorbrachte -, was in der Interaktion der beiden Spielenden geteilt werden konnte.

Die Ergebnisse der drei Praxisbeispiele brachten über die Interpretation der Inszenierungen die Trennungsproblematik der Patienten heraus.
Es konnte gezeigt werden, wie in der musiktherapeutischen Behandlungssituation re-gressive und ag-gressive Kräfte spielerisch genutzt werden können, um Reifungsschritte zu ermöglichen, wobei ich die Lebendigkeit im zeithaften künstlerischen Raum der Musik besonders betonen möchte.

 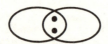

re-gredi   ag-gredi
Zweieinheit   Individualität (Ich-Du)

*Am Beispiel von Frau A. zeigte sich deutlich die Anstrengung
der Patientin, die zutage trat, wenn sie vordergründig darauf
aus war, sich einzupassen, es den anderen recht zu machen.
Die Musik entwickelte begegnungsfähige und unlebendige Teile,
die bei den beschreibenden Zuhörern auch beängstigende
Phantasien weckte, und die Musiktherapeutin im Reagieren auf
eine aggressiv überwältigende Kraft und Lautstärke zur
körperlichen Resonanz im Singen brachte.
Das Bedürfnis der Patientin, sich rücksichtslos auszubreiten
und mit ihrem eigenen Klang Raum einzunehmen, schien sich
gegen eine regressiv verschmelzende, Einigkeit vortäuschende
und krankmachende Beziehungsgestaltung zu wehren und zu
behaupten.*

*In der Technik der Behandlung bedeutete dies, der Patientin
in ihren frühgestörten Anteilen eine haltende Funktion zu
geben, dem regressiven Sog zur Verschmelzung entgegenzuwirken, um die aggressiven Anteile, im Sinne von ag-gredi:
heran- und herausgehen, sich gegen andere abzugrenzen, zu
fördern.*

*Raum einnehmen mit dem eigenen Klang, "Dasein-gefühl"
entwickeln innerhalb eines von ihr zu ertragenden Rahmens an
Nähe war indiziert, damit sie Eigenes entwickeln konnte.
Sich-trennen aus der sie festhaltenden Einheit mußte über das
Erleben einer sie nicht bedrohenden haltenden Beziehung
erfahren werden.*

*Regressive und aggressive Bewegungen spielen im Prozeß der
Musiktherapie im Wechsel.
Die Handhabung der notwendigen Annäherungs- und Trennungs-
schritte liegt im Improvisationsprozeß der Musik verfügbar
bereit.*

*Die Sequenz von Frau B. brachte im aktiven Vollzug des
Improvisationsgeschehens ihren seelischen Zustand, die
stagnierende Angst heraus. Be-handelt wurde ihr Problem über
das Tun und Bewußtmachen im schöpferischen Medium der Musik.
Dabei spielte der Affekt im Herstellungsprozeß eine bewegende
Rolle. Eigene und fremde Grenzen wurden ausprobiert, und in
der Struktur der Musik wurde bildhaft deutlich, wie sich
immer wieder aus dem chaotischen, scheinbar formlosen Klangrausch eine ordnende musikalische Form herauskristallisierte.*

*Ag-gredi im Sinne von Heran - Herausgehen wurde an den
Improvisationen durch die Extreme in den entstehenden
Musikstrukturen deutlich. Vom Toben und Wehren fiel aus dem
Klangrausch ein wiedererkennbarer Rhythmus, eine Folge von
geordneten Tönen, die sich aktiv weiterbewegte.*

*Am Beispiel von Herrn P. sollte zusammenfassend heraus-
gearbeitet werden, wie die Wirkkräfte der musiktherapeutischen Situation in ihrer Unmittelbarkeit zum Affektbereich in einer dort ansetzenden Bearbeitungsform zu finden
sind, die durch Nutzung von Spannungen Veränderungen erzielt.*

*Die Synthese libidinöser und aggressiver Impulse kann im
Verlauf des Therapieprozesses Affektdifferenzierung und die
Behandlung seelischer Konflikte im Herstellungsakt der
Improvisation bewirken.*

*Dieser im musikalischen Raum sich abspielende Vorgang fordert
gleichzeitig Bindungs- und Lösungsentscheidungen heraus und
wird in der Zeitqualität der Musik ständig weiterbewegt,
wobei sich Erlebtes in Folge und Form setzt und umwandelt.
Dabei findet ein Vertraut-Werden mit der inneren Erfahrung
statt, was zur Integration bisher abgespaltener oder noch
unbewußter Anteile führen kann.*

*In der analytisch orientierten Musiktherapie wird grund-
sätzlich von der Annahme ausgegangen, daß es im Seelischen
Beweggründe gibt, die sich unter der bestimmten Bedingung
"freier Spielraum mit der spezifischen Grundregel zu spielen,
was einfällt", ins Werk der muikalischen Improvisation
setzen.
Es wurde versucht, den Sinn dieser Werke im szenischen Umfeld
zu verstehen.*

*Die Frage nach der Indikation für analytisch orientierte
Musiktherapie wird vor allem von Medizinern immer wieder
gestellt.
Meine Erfahrungen beschränken sich auf Patienten mit psycho-
neurotischen und psychosomatischen Störungen und wurden im
Rahmen psychotherapeutischer Konzepte in voll und teilstationären Kliniken gewonnen, die immer eine psychoanalytische
Ausrichtung hatten. Die musiktherapeutische Behandlung von
sechs Patienten wurde im Laufe der letzten drei Jahre genauer
untersucht und zum Zwecke wissenschaftlicher Arbeiten zum
Teil bereits veröffentlicht; diese sollen neben den vor-
handenen Protokollen aller von mir bisher durchgeführten
Musiktherapien Tendenzen für eine günstige Prognose liefern.
 Die folgenden Diagnosen wurden von den jeweils aufnehmen-
den Psychotherapeuten erstellt.*

Petra (9 Jahre)   Krupp'scher Husten, beginnendes Asthma
                                bronchiale, übergroße Ängstlichkeit,
                                Zurückhaltung, Überforderung, geringes
                                Selbstvertrauen, pathologische Familien-
                                situation durch eine extrem symbiotische
                                Beziehung zur Mutter und einen kaum
                                verfügbaren Vater, Aggressionsproblematik

(dazu: Langenberg, Abschlußarbeit Mentorenkurs Herdecke 1978 -
1980: "Prozeß einer Veränderung")

Claudia (14 Jahre)   Anorexia nervosa

(dazu: Langenberg, Braunschweig 1982: "Musiktherapie - Das eigene
Erleben im freien musikalischen Spiel. Schwerpunkt klinische
Arbeit" in Meyer: Kinder und Jugendliche in seelischer Not)

Manfred (26 Jahre)   Narzißtische Persönlichkeitsstruktur mit
                                ausgeprägter Selbstwertproblematik bei de-
                                pressiven Verstimmungszuständen und
                                latenter Aggressionsproblematik, sekun-
                                därem Medikamenten- und Drogenabusus
                                auf dem Boden von symbiotischen
                                Beziehungsmustern mit der Neigung zu
                                Spaltungsmechanismen

(dazu: Langenberg, Stuttgart 1983: "Grenzenlosigkeit als Verführung")

Frau A. (30 Jahre)   Depressive Verstimmungen, Angstzustände
                                mit Somatisierungstendenzen, ausgeprägte
                                Kontakt- und Arbeitsstörungen, Eßstörun-
                                gen im Sinne eines anorektischen Syndroms
                                auf dem Boden einer depressiv-zwanghaften
                                Persönlichkeitsstruktur

(Beispiel dieser Arbeit)

Frau B. (22 Jahre)   Psychosomatische Reaktionen (Schwindel
                     Herzschmerzen, Empfindungsstörungen)
                     in Trennungssituationen, verbunden mit
                     einer sich andeutenden phobischen Symp
                     matik (Angst, nicht mehr weggehen zu kö
                     nen), Selbstwertproblematik, Aggressio
                     hemmung bei gleichzeitiger Neigung zu
                     gesteuerter Aggression (im Sinne von I
                     pulsdurchbrüchen), Arbeitsstörungen

(Beispiel dieser Arbeit)

Herr P. (26 Jahre)   Zustand nach appellativem Suizidversuc
                     ausgeprägte Kontaktstörungen mit sozia
                     Rückzugstendenzen bei selbstunsicherer
                     schizoid-zwanghafter Grundpersönlichke
                     abgewehrte Anlehnungs- und Passivitäts
                     bedürfnisse

(Beispiele dieser Arbeit)

Exemplarisch erschließe ich daraus Tendenzen für eine Indikation zur Musiktherapie. Die Krankheitsbilder sind vielschichtig, haben häufig sowohl neurotische Anteile wie auch frühere Störungen im Bereich von Symbiose und Individuation. Ein differenziertes, mehrdimensionales Angehen der Problematik ist also indiziert. Dafür erweist sich die analytisch orientierte Musiktherapie als besonders geeignet.

Die Patienten scheinen eine ausgeprägte Kontaktproblematik zu haben, sowohl in bezug zu eigenem Fühlen und Erleben als auch in Beziehung zu äußeren Objekten. Ihr Selbstwertgefühl ist wenig ausgeprägt, und der Behandlungsauftrag heißt Autonomie, das Trennen und Abgrenzen von versorgenden Eltern und Partnern.

Häufig sind sie auf körperliche Symptome fixiert, müssen erst fühlen lernen, um die Konflikte, in denen sie sich befinden, wahrzunehmen und lösen zu können.
Die gleichzeitige Nähe zum Affektbereich sowie zum gestaltbildenden rationalen Bereich in der musiktherapeutischen Situation scheint Spaltungstendenzen entgegenzuwirken.
   Libidinöse und aggressive Impulse können eine Synthese finden, Gefühlsextreme im Spielraum dieser Therapie ein Stück angstfreier und unmittelbarer gewagt werden.
So konnte bei den genannten Patienten über die Freilegung verdrängter und besetzter seelischer Bereiche ein Zugang zu

den eigenen autonomen Gestaltungspotenzen erreicht werden.
Kindliches Anlehnungs- und Versorgungsbedürfnis, Schutz und
Sicherheit, sowie Abgrenzung zur Ich-Identität und Herauswachsen aus symbiotischen Zuständen war durch die Qualitäten
der musiktherapeutischen Situation, ihr Behandlungskonzept im
Spannungsfeld regressiver und progressiver Kräfte, möglich.

Diese Ergebnisse lassen für die Indikationsstellung zur
Musiktherapie noch einmal den Gedanken der "Zwischenwelt"
wichtig werden.
Dort versuchen wir, kreative Potentiale zu treffen, die als
kulturelle Phänomene im Leben des Menschen eine wichtige
Lebensqualität bleiben.

Winnicotts "intermediärer Spielraum" (Winnicott 1979) wird
durch Bereitstellung eines künstlerischen Mediums Musik
erweitert, interessiert aber ebenso als Ort des kreativen
Spiels mit den Möglichkeiten der Objektverwendung. Wie geht
der Patient mit seinen Beziehungen um? Folglich sollte den
Patienten, die eine so frühe Erfahrung als Quelle für die
Inszenierung und Bewältigung ihrer seelischen Wirklichkeit
nicht verfügbar hatten (oder die gestört wurde), diese erneut
angeboten bekommen.

Ein gesundes Kind bewältigt seine Probleme im Spiel, wird
dieses verhindert, so folgen schwerste Beziehungsstörungen.

Übergangsraum, Spielraum, Zwischenraum bereitstellen, um im
schöpferischen Handeln Dialog zu erleben und Konflikte zu bewerkstelligen, kennzeichnet eine Behandlungsform, die am
Gesunden und Natürlichen des Menschen ansetzt, an einer
ursprünglichen Kraft.
Über das Medium Klang trifft diese Behandlungsform primitive
Fähigkeiten präverbaler Verständigung. In Untersuchungen über
den Sprecherwechsel zwischen Mutter und Kind haben Alberti
und Hänni spontan in der Beziehung sich entwickelnde Dialoge
nachgewiesen, die sinnvolle Rhythmen von Passivität und
Aktivität aufweisen, also die förderliche Dialektik im Prozeß
dieser frühesten Begegnungen zeigen (Alberti, Hänni 1981).

Das sind Qualitäten des Aushandelns von Nähe und Distanz, die
in einer gesunden Mutter-Kind-Situation der Entwicklung zur
Verfügung stehen und die in der Musik lebendig erhalten
bleiben.

Wie in den Fallbeispielen aufgezeigt wird, steht durch die
künstlerische Qualität der Musik gleichzeitig im Zeitfluß des
Spielens und Beziehens sowohl ganzheitliches als auch separierendes Schöpfen bereit.
Das gibt dem Binden und Lösen im Individuationsprozeß spontane Ein- und Ausdruckschancen.

Kontaktstörungen als Folge verhinderter individueller Regulation der Ent- und Auswicklungsbedürfnisse eines Kindes scheinen ein besonders deutlicher Indikationsfaktor für Musiktherapie zu sein.
Die Wichtigkeit des Vorhandenseins von beiden Seiten, der Nähe und der Distanz im Entwicklungsprozeß, betont auch Spitz (Spitz 1959, 1973, 1976, 1980).

Das Geheimnis und damit die Methode der Musiktherapie besteht im Zulassen dieser Art des Spiels, einem Erfahrungsbereich, den das Kind braucht, um seine schöpferischen Potentiale zu finden, zu erfinden, die magische Kontrolle in der Handhabung von Objekten zu er-leben, um ent-wachsen zu können zum Verständnis einer Realität außerhalb seines Selbst.

Das geht nur, wenn dieser "Zwischenbereich" erfahren werden darf, wenn eine Widersprüchlichkeit durch ihr Akzeptieren einen positiven Wert bekommt (Winnicott 1979, 25).
  Ohne Druck sich in einen Spielbereich einlassen dürfen - in einem Freiraum zwischen Ich und Nicht-Ich - ermöglicht erst das Entstehen von innerer und äußerer Realität mit den oszillierenden Möglichkeiten.

Daß von dieser Lebensqualität etwas erhalten bleibt, drückt sich im Bedürfnis des Menschen nach Kunst, Philosophie und Religion aus. Ob kulturelle Phänomene erlebt und genossen werden können, hängt von der Erfahrung mit diesen frühen Übergangsräumen ab (Winnicott 1979).
In dieser Quelle für schöpferisches Handeln manifestiert sich eine Lebensform, die in lebendiger Beziehung zur Innen- und Außenwelt bleibt und entlastende und genußvolle Funktionen hat.

Überlegungen zur Indikationsstellung analytisch orientierter Musiktherapie führen zwar zu schöpferischen Selbstheilungskräften des Menschen, wollen aber nicht den Therapiebegriff aufweichen, so daß in der Folge die Kunst an sich als Heiler auftritt.

Wenn Musik allein heilend wirken könnte, wären Therapeut und therapeutische Situation überflüssig.
Zeithaftigkeit, Lebendigkeit und Unmittelbarkeit der Musik bestimmen den Herstellungs- und Beziehungsprozeß dieser spezifischen musiktherapeutischen Handlung.
Diese scheint oft ein direkterer Weg als die Psychoanalyse zu sein und die aktiven gefühlsnahen Kräfte im Seelischen unmittelbarer anzusprechen.

Das allein garantiert aber noch nicht den Erfolg eines therapeutischen Prozesses. Gleichzeitig müssen die musikimmanenten ordnenden Kriterien als kognitive Möglichkeit im Beziehungsraum mit der Musiktherapeutin wirksam hinzukommen.

Da liegt die Chance der Musiktherapie: ein spontaner Zugang zum Seelischen und ein Instrumentarium zum Be-handeln der auftauchenden Gefühle und Erinnerungen in Geschichten.

Die Inszenierung dieser Geschichten, deren Erleben und Verwandeln im Zeitprozeß der Musik, ermöglicht die Bewerkstelligung des Problems mit seiner spezifischen Lösungsstrategie.

Nicht die freie musikalische Improvisation allein, sondern deren bewußte Förderung und analytische Durchdringung läßt sie zu einem wirksamen Behandlungsmodell der Musiktherapie werden.

Handeln wird zum Behandeln.

Literatur

Ack, Marvin	Julie The treatment of a case of developmental retardation; Psychoanalytic Study of the Child, 1966 27 - 149, New Haven 1966 Vol 21, 1
Adatto, Carl P.:	Snout-hand behaviour in an adult patient; Journal of the American Psychoanalytic Assoziation 1970, Oct. Vol 18 (4), 823 - 830, New York 1970
Adler, Alfred:	Über den nervösen Charakter; Fischer TB 6174, Frankfurt 1972 (1912)
Alberti, L., Hänni, R.:	Der Sprecherwechsel in der Mutter-Kind-Interaktion. In: Foppa, K.R. Groner (Hrsg.): Kognitive Strukturen und ihre Entwicklung, S. 50-62; Huber, Bern-Stuttgart-Wien 1981
Alvin, J.:	Musiktherapie; Bärenreiter, Kassel-Basel-London 1984
Ammon, Günter:	Gruppendynamik der Kreativität; Kindler, München 1974
Andreas-Salome, Lou:	In der Schule bei Freud; Ullstein, Frankfurt 1983
Ansermet, Ernest:	Die Grundlagen der Musik im menschlichen Bewußtsein; Piper, München-Zürich 1985
Anthi, Per R.:	Reconstruction of preverbal experiences; Journal of the American Psychoanalytic Association, 1983 Vol 31 (1) 33 - 58, New York 1983
Argelander, Hermann:	Das Erstinterview in der Psychotherapie, Erträge der Forschung, Bd. 2; Wissenschaftliche Buchgesellschaft, Darmstadt 1970
Balint, Michael:	Therapeutische Aspekte der Regression; Rowohlt, Hamburg 1973
Balint, Michael:	Die Urformen der Liebe und die Technik der Psychoanalyse; Klett-Cotta, Ullstein, Frankfurt 1981
Becker, H.:	Konzentrative Bewegungstherapie; Thieme, Stuttgart-New York 1981
Bettelheim, Bruno:	Kinder brauchen Märchen; dtv München 1980
Bloch, Ernst:	Das Prinzip Hoffnung; Suhrkamp, Frankfurt 1980
Boenheim, Curt:	The Choice of method in contemporary psychotherapy; American Journal of Art Therapy, 1973, Jan. Vol 12 (2) 79 - 93, Washington 1973
Brenner, Charles:	Grundzüge der Psychoanalyse; Fischer, Frankfurt 1978
Cardinal, Marie:	Schattenmund; Rowohlt, Hamburg 1979

Cohen, Donald J.:	Constructive and reconstructive activities in the analysis of a depressed child; Psychoanalytic Study of the Child, 1980 Vol 35, 237 - 266, New Haven 1980
Colegrave, Sukie:	Yin und Yang; Barth Verlag, München 1980
Decker-Voigt, H.-H. (Hrsg.):	Handbuch Musiktherapie; Eres, Lilienthal, Bremen 1983
Deveraux, Georges:	Die mythische Vulva; Syndikat, Frankfurt 1981
Die Musik in Geschichte und Gegenwart:	Allgemeine Enzyklopädie der Musik, Bd. 6; Bärenreiter, Kassel 1957, Sp. 1092 - 1135 (Ernest T. Ferand)
Dilthey, Wilhelm:	Die Philosophie des Lebens. Aus seinen Schriften ausgewählt von Hermann Nohl; B.G. Teubner, Stuttgart 1961
Dörner, Klaus:	Irren ist menschlich; Psychiatrie Verlag, Wunstorf 1978
Enke, Helmut:	Der wissenschaftswürdige Umgang mit neuen und neubenannten Psychotherapieverfahren, herausgegeben von der Leitung der Lindauer Therapiewochen, München 1981
Erikson, Erik:	Identität und Lebenszyklus; Suhrkamp, Frankfurt 1979
Eschen, Joh., Th., Schily, K.:	Musiktherapie - Mentorenkurs; Gemeinschaftskrankenhaus Herdecke 1978 (unveröffentlichtes Manuskript)
Eschen, Joh., Th.:	Praxis der Einzelmusiktherapie. In: ZS Musiktherapeutische Umschau 2/1980, 146; Fischer, Stuttgart 1980
Eschen, Joh., Th.:	Mentorenkurs Musiktherapie Herdecke, Ausbildung von Ausbildern. In: ZS Musiktherapeutische Umschau 3/1982, 255; Fischer, Stuttgart 1982
Eschen, Joh., Th.:	Assoziative Improvisation. In: Handbuch der Musiktherapie; herausgegeben von Hans-Helmut Decker-Voigt, Eres, Bremen 1983
Freud, Anna:	Das Ich und die Abwehrmechanismen; Kindler, München 1978
Freud, Sigmund:	Jenseits des Lustprinzips (1920), Gesammelte Werke Bd. XIII, 11 - 15; Fischer, Frankfurt 1967
Freud, Sigmund:	Bildende Kunst und Literatur, Studienausgabe Bd. X; Fischer, Frankfurt 1969
Freud, Sigmund:	Die Traumdeutung, Fischer, Frankfurt 1972
Freud, Sigmund:	Vorlesungen zur Einführung in die Psychoanalyse, Gesammelte Werke Bd. XI; Fischer, Frankfurt 1973
Freud, Sigmund:	Psychologie des Unbewußten; Fischer, Frankfurt 1975
Freud, Sigmund:	Darstellungen der Psychoanalyse, Über Psychotherapie (1905); Fischer, Frankfurt 1978

Freud, Sigmund:	Hemmung, Symptom und Angst; Kindler, München 1978
Freud, Sigmund:	Der Witz und seine Beziehung zum Unbewußten; Fischer, Frankfurt 1979
Freud, Sigmund:	Totem und Tabu; Fischer, Frankfurt 1980
Geck, Martin:	Musiktherapie als Problem der Gesellschaft; Klett, Stuttgart 1973
Graf, Max:	Die innere Werkstatt des Musikers; Ferdinand Enke, Stuttgart 1910
Groddeck, Georg:	Der Mensch als Symbol; Kindler, München 1976
Groddeck, Georg:	Das Buch vom Es; Fischer, Frankfurt 1979
Harrer, Gerhart:	Grundlagen der Musiktherapie und Musikpsychologie; Fischer, Stuttgart 1975
Hartmann, Nicolai:	Ästhetik; De Gruyter, Berlin 1966
Heigl-Evers, A.:	Konzepte der analytischen Gruppenpsychotherapie; Vandenhoeck & Ruprecht, Göttingen 1978
Heigl-Evers, A., Henneberg-Mönch, U., Odag, C., Standke, G.:	Die Vierzigstundenwoche für Patienten, Konzept und Praxis teilstationärer Psychotherapie; Vandenhoeck & Ruprecht, Göttingen 1986
Jacobsen, Edith:	Das Selbst und die Welt der Objekte; Suhrkamp, Frankfurt 1973
Janssen, Paul L.:	Mal- und Musiktherapie - psychoanalytisch gesehen. In: ZS Psyche 6 / 1982; Klett - Cotta, Stuttgart 1982
Kernberg, Otto F.:	Borderline-Störungen und pathologischer Narzißmus; Suhrkamp, Frankfurt 1983
Klaes, Arnold:	Studien zur Interpretation des musikalischen Erlebens; Beyer u. Mann, Langensalza 1934
Köhler, Wolfgang:	Psychologische Probleme; Springer, Berlin 1933
Kohut, Heinz:	Introspektion, Empathie und Psychoanalyse; Suhrkamp, Frankfurt 1977
Kuhn, Thomas S.:	Die Struktur wissenschaftlicher Revolutionen; Suhrkamp, Frankfurt 1978
Langenberg, Mechtild:	Prozeß einer Veränderung, Beschreibung der musiktherapeutischen Handlungsszene und ihrer spezifischen Qualitäten - Ansätze eines Handlungsmodells; Abschlußarbeit Mentorenkurs Herdecke 1980 (unveröffentlichtes Manuskript)
Langenberg, Mechtild:	Musiktherapie - Das eigene Erleben im freien musikalischen Spiel. Schwerpunkt klinische Arbeit. In: Meyer, Ernst (Hrsg.): Kinder und Jugendliche in seelischer Not; Pedersen, Braunschweig 1982
Langenberg, Mechtild:	Grenzenlosigkeit als Verführung. In: ZS Musiktherapeutische Umschau 4/1983; Fischer Stuttgart 1983

Laplanche, J., Pontalis, J.-B.:	Das Vokabular der Psychoanalyse; Suhrkamp 1980
Linke, Norbert:	Philosophie der Musikerziehung; Bosse, Regensburg 1976
Linke, Norbert:	Heilung durch Musik? Heinrichshofen's Verlag, Wilhelmshaven 1977
Lorenzer, Alfred:	Sprache, Lebenspraxis und szenisches Verstehen in der psychoanalytischen Therapie. In: Psyche 2 / 1983; Klett - Cotta, Stuttgart 1983
Mahler, Margret S.:	Die psychische Geburt des Menschen; Fischer, Frankfurt 1980
Miller, Alice:	Das Drama des begabten Kindes; Suhrkamp, Frankfurt 1980
Moreno, J. L.:	Gruppenpsychotherapie und Psychodrama; Thieme, Stuttgart 1959
Moser, Tilman:	Lehrjahre auf der Couch; Suhrkamp, Frankfurt 1974
Nietzsche, Friedrich:	Die Geburt der Tragödie aus dem Geiste der Musik; Goldmann, München (vollständige Ausgabe nach dem Text der Ausgabe Leipzig 1895)
Nordoff, P., Robbins, C.:	Creative Music Therapy; The John Day Company, New York 1977
Noy, Pinchas:	The development of musical ability; Psychoanalytic Study of the Child, 1968, Vol 23, 332 - 347, New Haven 1968
Perls, F. S.:	Gestalttherapie in Aktion; Klett - Cotta, Stuttgart 1974
Petzold, H.:	Die neuen Körpertherapien; Jungfermann, Paderborn 1977
Priestley, Mary:	Music therapy in action; Constable, London 1975
Priestley, Mary:	Analytische Musiktherapie und musikalischer Respons. In: ZS Musiktherapeutische Umschau 1 / 1980, 21; Fischer Stuttgart 1980
Priestley, Mary:	Musiktherapeutische Erfahrungen; Fischer, Stuttgart 1982
Priestley, Mary:	Analytische Musiktherapie; Klett - Cotta, Stuttgart 1983
Racker, Heinrich:	Übertragung und Gegenübertragung; Reinhardt, München 1978
Rauhe, Hermann, Reinecke, Hans-Peter, Ribke, Wilfried:	Hören und Verstehen, Theorie und Praxis handlungsorientierten Musikunterrichts; Kösel, München 1975
Reik, Theodor:	Hören mit dem dritten Ohr; Fischer, Frankfurt 1983
Ringbom, Nils-Eric:	Über die Deutbarkeit der Tonkunst; Edition Fazer-Helsinki-Helsingfors, F.M. 3456 (ABO 1955)

Schafer, Roy:	Handeln in der psychoanalytischen Deutung und Theorie. In: Psyche 10/1981, 875 ff; Klett - Cotta Stuttgart 1981
Schnebel, Dieter:	Denkbare Musik; Du Mont Schauberg, Köln 1972
Schnebel, Dieter:	Zum "Triebleben der Klänge". In: ZS Musiktherapeutische Umschau 1/1980, 71; Fischer, Stuttgart 1980
Schwabe, Ch.:	Musiktherapie bei Neurosen und funktionellen Störungen; Fischer, Jena 1972
Schwabe, Ch.:	Methodik der Musiktherapie und deren theoretischen Grundlagen; Ambrosius, Leipzig 1978
Schwabe, Ch.:	Aktive Gruppenmusiktherapie für erwachsene Patienten; Stuttgart - New York 1983
Spitz, Rene:	Nein und Ja. Die Ursprünge der menschlichen Kommunikation; Klett - Cotta, Stuttgart 1959
Spitz, Rene:	Die Entstehung der ersten Objektbeziehungen. Direkte Beobachtungen an Säuglingen während des ersten Lebensjahres; (Klett, Stuttgart 1973
Spitz, Rene:	Vom Dialog. Klett; Stuttgart 1976
Spitz, Rene:	Vom Säugling zum Kleinkind; Klett - Cotta 1980
Sterba, R.:	Toward the problem of the musical process, Psychoanal. Rev. 23, 1946, 37 ff, New York 1946
Storb, Ilse:	Musiktherapeutische Aspekte des Afro-Amerikanischen Tanzes; Duisburg 1987, unveröffentlichtes Manuskript
Strachwitz, Elisabeth von:	On nonverbal processes in child therapy; Praxis der Kinderpsychologie und Kinderpsychiatrie 1973 Feb. Vol 22 (2) 33 - 37, Göttingen 1973
Strawinsky, Igor:	Musikalische Poetik; Schott's Söhne, Mainz 1949
Strobel, W., Huppmann, G.:	Musiktherapie-Grundlagen-Formen-Möglichkeiten; Hogrefe, Göttingen 1978
Taschen-Heinichen:	Lateinisch-Deutsches Taschenwörterbuch; Klett, Stuttgart o.J., 10. Aufl.
Tüpker, Rosemarie:	Morphologie der Musiktherapie. In: Handbuch Musiktherapie, herausgegeben von Hans-Helmut Decker-Voigt; Eres, Bremen 1983
Weber, Max:	Soziologie-Universalgeschichtliche Analysen-Politik, herausgegeben von Johannes Winckelmann; Alfred Kröner Verlag (TB 299), Stuttgart 1973
Wertheimer, Max:	Drei Abhandlungen zur Gestalttheorie; Wissenschaftliche Buchgesellschaft; Darmstadt 1963
Winnicott, D. W.:	Vom Spiel zur Kreativität; Klett - Cotta, Stuttgart 1979

Heidelberger Schriften zur Musiktherapie

Herausgegeben von der Stiftung Rehabilitation, Heidelberg

Die Reihe „Heidelberger Schriften zur Musiktherapie" versteht sich als Forum für eine intensive Auseinandersetzung mit aktuellen Strömungen und Tendenzen der Musiktherapie. Es sollen hier schwerpunktmäßig Arbeiten vorgestellt werden, die sowohl Anregungen geben als auch Stellung nehmen zu ausbildungs- und berufsspezifischen Fragen, zu Fragen der musiktherapeutischen Praxis und zu theoretischen Problemen der Musiktherapie. Ziel der Reihe ist es, Anstoß zu sein für Diskussionen und Auseinandersetzungen, für lebendigen Austausch und kritische Reflexion.

Band 1 · Musiktherapie als Hochschuldisziplin in der Bundesrepublik Deutschland
Vergleichende Analysen und Versuch einer weiterführenden Systematik
Von Volker BOLAY, Heidelberg
1985. 276 S., einige Notenbeispiele, kart., DM 32,–

Inhaltsübersicht: Kurze Einführung zur aktuellen Entwicklung von Musiktherapie · Strukturelle Orientierungspunkte für einen Ausbildungsvergleich · Abschlußqualifikationen · Studienstruktur · Didaktische Erwägungen · Studieninhalte · Resumee

Band 2 · Musiktherapeut als Beruf
Anspruch und Wirklichkeit musiktherapeutischer Arbeit in der Bundesrepublik Deutschland
Von Rainer BOLLER, Heidelberg
1985. 209 S., zahlr. Tab., kart., DM 24,–

Inhaltsübersicht: Was ist Musiktherapie? – Der Begriff Musiktherapie in den einschlägigen Definitionsversuchen · Was tut der Musiktherapeut? – Eine empirische Untersuchung zur Arbeitswirklichkeit praktizierender Musiktherapeuten · Was soll der Musiktherapeut tun? Eine empirische Untersuchung zu den Erwartungen potentieller Arbeitgeber an den Musiktherapeuten · Musiktherapie als Profession? – Zum beruflichen Status des Musiktherapeuten · Alternative Berufswirklichkeiten des Musiktherapeuten – Der Musiktherapeut zwischen konservativer und alternativer Herstellungsstrategie

Band 4 · Studium der Musiktherapie in Heidelberg
Ergebnisse und Analysen eines Modellversuchs
1988. VIII, 132 S., kart. DM 28,–

Preisänderungen vorbehalten.

Praxis der Musiktherapie

Herausgegeben von Prof. Dr. Volker Bolay, Heidelberg und Volker Bernius, Frankfurt

Die Musiktherapie hat während der letzten Jahre im In- und Ausland sehr stark an Bedeutung gewonnen und sich zu einer vielverwendeten Behandlungsform entwickelt. Die Schriftenreihe »Praxis der Musiktherapie«, die in den Verlagen Gustav Fischer und Bärenreiter gemeinsam erscheint, möchte den Fachleuten und einer breiteren Öffentlichkeit Zugangswege zu den verschiedenen Richtungen dieser Therapieform eröffnen und einen Einblick in die vielfältigen Aufgaben, Ziele und Möglichkeiten dieses aktuellen und wichtigen Therapiegebiets geben.

Musiktherapie in der Bundesrepublik Deutschland steht in engem Austausch mit Musiktherapie im Ausland. Neben Originalpublikationen werden deshalb auch Übersetzungen wichtiger Veröffentlichungen ausländischer Musiktherapeuten in die Reihe aufgenommen.

Band 8 · Musik für das behinderte Kind und Musiktherapie für das autistische Kind
Von Juliette Alvin
1988. 237 S., 5 Abb., 16 Notenbeispiele,
kt. DM 44,-/DM 39,60*

Band 7 · Spiel-Räume
Musiktherapie mit einer Magersüchtigen und anderen frühgestörten Patienten
Von Gertrud Loos, Stuttgart
1986. 269 S., 11 Abb.,
kt. DM 54,-/DM 48,60*

Band 6 · Werkstatt: Perkussion
Anleitungen und Hörbeispiele zur Spielpraxis
Von Thomas Keemss, Würzburg
1986. 181 S., 62 Fotos und über 100 Notenbeispiele, 1 Tonbandkass.,
kt. DM 78,-/DM 70,20*

Band 5 · Musiktherapie bei Sterbenden
Von Susan Munro, Birchwil/CH
1986. 108 S., 16 Abb.,
kt. DM 32,-/DM 28,80*

Band 4 · Musiktherapie in der Altenhilfe
Von Ruth Bright, Wahroonga/Australien
1984. 140 S., 24 Abb.,
kt. DM 32,-/DM 28,80*

Band 3 · Schöpferische Musiktherapie
Individuelle Behandlung für das behinderte Kind
Von Prof. Dr. Paul Nordoff und Dr. Clive Robbins, London
1986. 232 S., 37 Abb., über 100 Notenbeispiele, 1 Tonbandkass.,
kt. DM 78,-/DM 70,20*

Band 2 · Klänge und Farben
Formen der Musiktherapie und der Maltherapie
Von Gertrud Schubert, Heidelberg
1982. 120 S., 45 farb. Abb.,
kt. DM 36,-/DM 32,40*

Band 1 · Musiktherapeutische Erfahrungen
Grundlagen und Praxis
Von Mary Priestley, London
1982. 215 S., 3 Abb.,
kt. DM 48,-/DM 43,20*

* Vorzugspreis für Bezieher der gesamten Reihe, sowie Mitglieder der Deutschen Gesellschaft für Musiktherapie.

Gemeinschaftsausgabe der Verlage
Gustav Fischer, Stuttgart und Bärenreiter, Kassel

Preisänderungen vorbehalten.

Bestellkarte

Ich bestelle aus dem GUSTAV FISCHER VERLAG, Postfach 72 01 43, D-7000 Stuttgart 70, über die Buchhandlung:

....

Heidelberger Schriften zur Musiktherapie

Herausgegeben von der Stiftung Rehabilitation, Heidelberg

10981 .... Expl. **Band 1 · Bolay · Musiktherapie als Hochschuldisziplin in der Bundesrepublik Deutschland,** DM 32,—

11232 .... Expl. **Band 4 · Studium der Musiktherapie in Heidelberg,** DM 28,—

.... Ex. **Musiktherapeutische Umschau** ab Band 10 zur Forts. DM 86,— zzgl. Versandspesen *

.... Ex. —, Probeheft (kostenlos)

Preisänderungen vorbehalten

* Mir ist bekannt, daß ich diese Fortsetzungsbestellung innerhalb 1 Woche (Datum des Poststempels) durch schriftliche Mitteilung an den Gustav Fischer Verlag, Wollgrasweg 49, D-7000 Stuttgart 70, widerrufen kann.

Datum/Unterschrift   Datum/2. Unterschrift

Zur Information über Neuerscheinungen und Neuauflagen des GUSTAV FISCHER VERLAGS auf Ihrem Fachgebiet schicken wir Ihnen auf Wunsch laufend kostenlos Informationen zu. Interessengebiete bitte ankreuzen und Karte ausgefüllt zurückschicken.

Medizin
- ☐ Anatomie, Embryologie
- ☐ Pathologie
- ☐ Physiologie
- ☐ Med. Mikrobiologie, Hygiene
- ☐ Pharmakologie, Toxikologie
- ☐ Pharmazie
- ☐ Labormedizin
- ☐ Innere Medizin, Allgemeinmedizin
- ☐ Anästhesie, Intensivmedizin
- ☐ Chirurgie, Orthopädie, Urologie, Röntgenologie, Sonographie, NMR, diagnostische Nuklearmedizin
- ☐ Gynäkologie, Geburtshilfe, Perinatologie
- ☐ Pädiatrie, Perinatologie
- ☐ Ophthalmologie
- ☐ Oto-Rhino-Laryngologie
- ☐ Dermatologie, Venerologie
- ☐ Zahnheilkunde
- ☐ Neurologie
- ☐ Psychiatrie, Psychotherapie
- ☐ Psychologie
- ☐ Musiktherapie
- ☐ Medizinalfachberufe, Physikal. Medizin, Krankenpflege, Krankengymnastik, Massagen, MTA
- ☐ Rechtsmedizin, Arbeits- u. Sozialmedizin, Begutachtung
- ☐ Gesch. der Medizin u. Naturwissenschaften

Biologie
- ☐ Veterinärmedizin
- ☐ Umwelthygiene
- ☐ Botanik (incl. Ökologie, Allg. Biologie, Biogeographie)
- ☐ Zoologie (incl. Ökologie, Allg. Biologie, Mikrobiologie, Biogeographie)
- ☐ Anthropologie, Ethnologie, Evolution, Paläontologie
- ☐ **Statistik, Biometrie, Datenverarbeitung**
- ☐ **Wirtschafts- und Sozialwissenschaften**

Absender:
(Studenten bitte Heimatanschrift angeben):

....

....

....

Werbeantwort/Postkarte

Bitte ausreichend frankieren

Ich bitte um kostenlose Zusendung von
☐ Teilverzeichnis Medizin/Biologie

Gustav Fischer Verlag
Postfach 72 01 43

D-7000 Stuttgart 70

Heidelberger Schr. Bd. 3, Langenberg
II. 89. 0,66. nn. Printed in Germany

Absender
(Studenten bitte Heimatanschrift angeben)

....

....

....

Werbeantwort/Postkarte

Bitte ausreichend frankieren

Ich bitte um kostenlose Zusendung von
☐ Teilverzeichnis Medizin/Biologie

Gustav Fischer Verlag
Postfach 72 01 43

D-7000 Stuttgart 70

Heidelberger Schr. Bd. 3, Langenberg
II. 89. 0,66. nn. Printed in Germany